# Jesus
# e
# Emmanuel

JOSÉ CARLOS LEAL

# Jesus e Emmanuel

Um estudo do livro *Há dois mil anos*

1ª edição

Novo Ser Editora
Rio de Janeiro, 2014

**JESUS E EMMANUEL**
COPYRIGHT© NOVO SER EDITORA

Editor: *Cláudio Luiz Brandão José*
Capa e diagramação: *Rogério Mota*
Revisão: *Maria Flavia dos Reis Amambahy*
1ª edição *2014*
Impresso no Brasil *Printed in Brazil*

Rua João Vicente, 1125 — Bento Ribeiro
CEP 21340-021 — Rio de Janeiro — RJ
Tels.: (21) 3017-2333 / 3598-6213
www.novosereditora.com.br

Todos os direitos de reprodução, cópia, comunicação ao público e exploração econômica desta obra estão reservados única e exclusivamente para a Novo Ser Editora. Proibida a reprodução parcial ou total da mesma, através de qualquer forma, meio ou processo eletrônico, digital, fotocópia, microfilme, Internet, CD-ROM, sem prévia e expressa autorização da Editora, nos termos da lei 9.610/98 que regulamenta os direitos de autor e conexos.

DADOS INTERNACIONAIS PARA CATALOGAÇÃO NA PUBLICAÇÃO (CIP)

L471j

Leal, José Carlos, 1940-
　　Jesus e Emmanuel : um estudo do livro *Há dois mil anos* / José Carlos Leal. - 1. ed. - Rio de Janeiro : Novo Ser, 2014.
　　168 p. ; 21 cm.

　　ISBN 978-85-63964-89-2

　　1. Ficção espírita. 2. Ficção brasileira. I. Título.

　　　　　　　　　　　　　　　　　　　　　　CDD- B869.3

JOSÉ CARLOS DOS SANTOS MACEDO — BIBLIOTECÁRIO CRB7 N.3575

# Sumário

## PRIMEIRA PARTE

I. Abrem-se as cortinas ............................................................. 9
II. O grande equívoco .............................................................. 29
III. O governador de Roma ..................................................... 39
IV. O gérmen da suspeita ........................................................ 49
V. O enviado ............................................................................. 55
VI. Maquinações das trevas ................................................... 61
VII. O mundo que estava nas trevas viu uma grande luz ...... 65
VIII. Almas gêmeas que se buscam ....................................... 69
IX. O grande sacrifício ............................................................ 73
X. Palavras que matam ........................................................... 77
XI. O servidor do Cristo ......................................................... 83

## SEGUNDA PARTE

XII. Flaminius volta ao plano espiritual .............................. 99
XIII. Uniões sinistras .............................................................. 105
XIV. As parcas fiam ................................................................ 107
XV. Confiemos em Deus ....................................................... 113
XVI. Jesus em Roma ............................................................... 125
XVII. A luz vence as trevas .................................................... 137
XVIII. Caminhos perigosos ................................................... 143
XIX. Grande artista o mundo vai perder ............................ 147
XX. Voltando ao passado ...................................................... 155
XXI. Pompeia, uma cidade condenada ............................... 159

# PRIMEIRA PARTE

I

# Abrem-se as cortinas

O narrador do romance que vamos estudar conta a sua história do ponto de vista externo (PVE), ou seja, narra na terceira pessoa. Inicia-se a narrativa com a apresentação do espaço físico ou ambiente onde os fatos narrados vão se desenvolver.

> Os últimos clarões da tarde haviam caído sobre o casario romano.
>
> As águas do Tibre,[1] ladeando o Aventino,[2] deixavam retratados os derradeiros reflexos do crepúsculo, enquanto nas ruas estreitas passavam liteiras[3] apressadas, sustidas por escravos musculosos e lépidos.
>
> Nuvens pesadas amontoavam-se na atmosfera, anunciando aguaceiros próximos e as últimas janelas das residências particulares e coletivas fechavam-se com estrépito ao sopro dos primeiros ventos da noite.[4]

---

[1] Rio da Itália Central. Nasce no monte Fumaiolo, nos montes Apeninos. Possui um curso de 393km e deságua no mar Tirreno, formando um delta. Banha Roma até onde é navegável por embarcações menores.

[2] Uma das sete colinas de Roma, em latim o seu nome era *mons Aventinus*.

[3] Espécie de cadeirinha ou leito portátil e coberto, provido de dois varais compridos e geralmente conduzidos por dois animais ou por duas pessoas (escravos). A liteira é um meio de transporte muito antigo, já sendo conhecido no Egito Antigo, na Pérsia, na Grécia e na Roma dos césares.

[4] XAVIER, Francisco Cândido. *Há dois mil anos*. Pelo Espírito Emmanuel. Rio de Janeiro (RJ): FEB. p. 17.

Nesse momento, o narrador se prepara para apresentar ao leitor a casa onde morava o senador Publius Lentulus. Vamos dar uma parada aqui para tratar, ainda que superficialmente, das casas romanas da época. O estudo arqueológico da Roma Antiga e o material literário que possuímos nos revelaram a existência de dois tipos de construções básicas: os domos e as ínsulas ou casas de ricos e casas populares. Na época de Adriano, havia cerca de 1.790 domos e 46.612 ínsulas. As casas dos poderosos possuíam as seguintes partes:

Fauces: porta de entrada

✓ *Atrium*: Pátio, Vestíbulo

✓ *Alae*: Alas, corredouros

✓ *Triclinium*: Sala de jantar com três leitos

✓ *Tablinium*: gabinete, escritório

✓ *Peristilo*: Pátio circundado por colunas.

As ínsulas eram bem mais simples e constituíam em compartimentos reunidos e distintos, mais ou menos como os nossos apartamentos, mas sem a menor destinação prévia e que se intercambiavam entre si dentro de um mesmo andar. Sucediam-se, rigorosamente, superpostas de cima para baixo. Uma outra diferença entre os domos e a ínsula é a seguinte: os domos, derivados da arquitetura grega, se estendiam em sentido horizontal. As ínsulas, criadas no século IV antes de Cristo, em razão da necessidade de espaço, cresciam em sentido vertical.

## Abrem-se as cortinas

Tal era a habilidade dos construtores romanos que as ínsulas alcançavam, não raro, alturas consideráveis.

No século III antes de nossa era, as ínsulas de três andares, que eram chamadas em latim *tabulata, contabulationes* e *contignationes* eram tão numerosas que haviam chamado a atenção do historiador romano Tito Lívio, que nos conta a seguinte história: um boi fugido de um mercado entrou em uma ínsula, que ficava ao lado do Fórum Boário. Entrou em uma ínsula, subiu três andares e depois jogou-se lá de cima, para espanto geral dos inquilinos. Estas construções chegaram a alturas tão grandes que se tornaram perigosas para a vida de seus moradores, uma vez que os desmoronamentos não eram raros. Então o Imperador Augusto proibiu que se fizessem construções acima de vinte metros. Mais tarde Trajano restringiu ainda mais a altura, reduzindo a dezoito metros a altura máxima dos edifícios privados, entretanto, esta medida foi vã, uma vez que a necessidade falou mais alto que a lei

A ousadia dos engenheiros e a ganância dos senhorios, porém, era bastante grande e as construções se tornavam cada vez maiores. Assim, ao lado do Panteon e da coluna Aureliana, ficava uma casa gigantesca chamada ínsula Felicles ou edifício de Felicles. Este prédio era tão grande que se tornou algo como uma atração turística e muitos vinham de longe para vê-la. Esta construção seria uma espécie de arranha-céu moderno para os padrões da Roma.

Jesus e Emmanuel

A casa de Publius Lentulus como se pode ver era um domo, já que um homem abastado e uma autoridade do porte de um senador não poderia viver em uma ínsula como um plebeu, já que ele que descendia de um linhagem de patrícios.[5] Em seguida, o narrador apresenta a protagonista de sua história. A apresentação é rápida e objetiva:

> O anfitrião era um homem relativamente jovem, aparentado menos que trinta anos, não obstante o seu perfil orgulhoso e austero, aliado à túnica de ampla barra purpúrea que impunha certo respeito a quantos se lhe aproximavam...[6]

A descrição, posto que rápida, ressalta o típico romano antigo e conservador que era marcado pelo orgulho, austeridade e nacionalismo. Ele acabara de receber em seu domo um amigo, um senador por nome Flaminius Severus, que estava reclinado no triclínio depois de um lauto jantar. Este personagem é chamado de contraste. Consiste em um tipo de actante[7] que sustenta um espaço ideológico oposto ao do protagonista e permite ao leitor ver uma mesma questão de dois modos ou por dois lados. O exemplo mais notável deste tipo de personagem é o Sancho Pança, criação imortal de Miguel de Cervantes e Saavedra para sua maravilhosa novela *D. Quixote de La Mancha*. No relato espanhol, D. Quixote representa o

---

[5] Nome que na Roma antiga se dava aos homens da elite, o seu contrário era plebeu.
[6] Emmanuel. *Op. cit.* p. 18.
[7] Ator, personagem.

## Abrem-se as cortinas

idealismo extremado e Sancho Pança sustenta o espaço do bom senso e do racionalismo. No livro de Emmanuel, Lentulus explica a doença de sua filha pela teoria das vidas sucessivas, enquanto Severus se coloca em posição oposta.

Os dois amigos conversam no peristilo e, por esta conversa, vamos conhecendo melhor elementos novos do enredo, como o fato de Publius ser casado com Lívia[8] e o casal possuir uma filha, chamada Flavia Lentulia, que estava com lepra (hanseníase), segundo o diagnóstico de conceituados médicos. Publius Lentulus, alimentando a conversa, pergunta ao amigo sobre o filho deste e a resposta é muito interessante e evidencia um problema muito comum na Grécia Clássica e na Roma Imperial no que diz respeito aos jovens.

Flaminius começa por dizer que o filho é um menino rebelde e que sua esposa, Calpúrnia[9] tem muitas dificuldades em lidar com ele. O rapaz tem um preceptor, um escravo grego chamado Parmênides,[10] nome de um filósofo helênico natural de Eleia, que foi autor do conceito de imobilismo em oposição frontal a Heráclito de Éfeso, que afirmava que todas as coisas estavam em perpétuo movimento. Era muito natural às famílias abastadas em

---

[8] Nome feminino muito comum em Roma. A mulher do Imperador Augusto se chamava Lívia Drusila.
[9] Outro nome feminino muito comum em Roma. A mulher de César chamava-se Calpúrnia.
[10] Nome de um filósofo grego natural de Eleia, que foi o defensor do imobilismo, sua fórmula clássica era: nada se move. O movimento não existe.

Roma o fato de encarregar a um escravo grego a educação de seus filhos. Diz que o menino era interessado em cavalos e corridas de bigas mais do que por filosofia. Já em uma peça[11] de Aristófanes um pai se queixa de seu filho pelo fato de ele andar apostando nas corridas de cavalo, não estudar e enchê-lo de dívidas.

Era uma prática muito antiga em Roma que os pais escolhessem as pessoas com quem os filhos se casariam e esta escolha estava relacionada com os interesses das famílias e não dos noivos. Emmanuel é fiel a este costume quando faz com que o amigo lhe diga que o seu sonho era casar o filho com a filha de Lentulus para estreitar os laços entre as famílias. O senador sente-se perturbado, uma vez que aquele casamento seria impossível por causa da doença de sua filha.

Na continuidade do relato, Flaminius inicia a sua função de personagem de contraste. Conversando sobre a enfermidade da filha, Lentulus conta que, de uma certa feita, indo a casa do amigo, teve a oportunidade de conhecer melhor o escravo Parmênides. Naquela oportunidade o escravo revela que em sua mocidade na Índia tivera conhecimento da teoria das vidas sucessivas. Temendo que o amigo pudesse acreditar neste tipo de teoria, Flaminius faz a observação contrária dizendo que Parmênides, posto que fosse um excelente caráter, era dado a divagações espirituais.

---

[11] A peça em questão se intitula *As Nuvens*.

Lentulus defende o seu ponto de vista com notável força e grande sinceridade, o que mostra que Lentulus ou Emmanuel, em vidas passadas, teria tido conhecimento da reencarnação. Sua argumentação é extremamente lógica:

> Entretanto, meu amigo, começo a pensar que ele tem razão. Como poderemos explicar a diversidade da sorte neste mundo? Por que a opulência em nossos bairros aristocráticos e as misérias do Esquilino?[12] A fé no poder dos deuses não consegue elucidar esses problemas torturantes. Vendo a minha filhinha com a carne dilacerada e apodrecida, sinto que só o teu escravo está com a verdade.
>
> Que teria feito a pequena Flavia, nos seus sete anos incompletos, para merecer tão horrendo castigo das potestades celestiais? Que alegria poderiam encontrar as nossas divindades nos soluços de uma criança e nas lágrimas dolorosas que nos calcinam o coração? Não seria mais compreensível e aceitável que tenhamos vindo de longe, com as nossas dívidas para com os poderes do céu?[13]

Este raciocínio de Emmanuel é ainda válido nos dias de hoje e bastante citado. Ele procura responder a pergunta por que o justo sofre, tema central do *Livro de Jó*. Este tema é transportado para as crianças do seguinte modo: por que uma criança que ainda não pecou sofre? Que sentido teria a pequena Flavia sendo castigada por

---

[12] Bairro pobre de Roma.
[13] Emmanuel. *Op. cit.* p. 20-21.

um crime que não cometeu? Logo seria mais lógico admitir que a criança seja um espírito que viveu muitas vidas, errou e acertou e em cada encarnação, colhe o que plantou em outras.

Flaminius, depois de ponderar um pouco, argumentou:

> Fazes mal em alimentar semelhante conjeturas no teu foro íntimo. Nos meus quarenta e cinco anos de existência, não conheço crenças mais preciosas que as nossas, no culto venerável dos antepassados. É preciso considerar que a diversidade das posições sociais é um problema de nossa arregimentação política, a única que estabeleceu uma divisão nítida entre os valores e os esforços de cada um;[14] quanto à questão do sofrimento, convém lembrar que os deuses podem experimentar nossas virtudes morais, com as maiores ameaças à enfibratura[15] de nosso ânimo, sem que necessitemos adotar os absurdos princípios dos egípcio e dos gregos, princípios, aliás, que já os reduziram ao aniquilamento e ao cativeiro. Já ofereceste sacrifícios no templo depois de tão angustiosas dúvidas?[16]

O argumento de Flaminius é uma defesa à religião natural dos romanos, que consistia em três cultos complementares: o culto do Fogo, o culto dos antepassados e o cultos dos deuses. Os dois primeiros eram feitos no lar, ou seja, no interior da casa, e o terceiro nos

---

[14] Esta primeira parte responde a questão: por que nesse mundo há tantas desigualdades sociais?
[15] Firmeza de caráter.
[16] Emmanuel. *Op. cit.* p. 21.

## Abrem-se as cortinas

templos públicos, onde eram feitos os sacrifícios em honra dos imortais. Ele vê a reencarnação como uma ideia estranha, que poderia desviar os romanos do seu culto tradicional e termina perguntando se o amigo não fizera os sacrifícios no templo para entregar aos deuses as suas angústias.

Publius responde que não se tem descuidado de suas obrigações religiosas, mas que as suas preocupações não derivam apenas do problema de sua filha, porém, de um sonho que havia tido. Os sonhos possuíam na cultura greco-romana uma importância considerável. Os sonhos eram para aquelas pessoas um aviso dos deuses. Na *Ilíada*, de Homero, vemos Zeus enviando contra a Agamenon um sonho enganador. Na história romana, famosos são os sonhos de Calpúrnia, a esposa de Júlio César e o sonho de Cipião. Na tradição evangélica, há um relato sobre o sonho de Claudia Procula, mulher de Poncius Pilatos. Assim, não era à toa que Lentulus estivesse preocupado com o sonho que tivera.

O sonho do senador foi assim: Lentulus voltara para casa depois de uma reunião cansativa, em que foram discutidas questões morais muito delicadas. Ao chegar a casa, sentia-se cansado, com as pálpebras pesadas e por isso decidiu recolher-se. De repente, pareceu-lhe ver a imagem da deusa Têmis[17] como se pairasse no ar. O peso das pálpebras aumentara consideravelmente. Naquele

---
[17] No mito grego, Têmis era a deusa da justiça.

momento começou a ver paisagens familiares, mas das quais ele havia se esquecido. Teve a impressão de que havia voltado à época de Lucius Sergius Catilina[18] ao lado de Cícero,[19] o grande advogado romano. Lentulus classifica os dois personagens como o mal (Catilina) e o bem (Cícero) e se sente, porém, mais inclinado pelo primeiro do que pelo segundo. Teve a clara sensação de que estava preso a Catilina por laços fortes e indestrutíveis e lhe pareceu que fizera parte da conspiração que este encabeçara contra o Senado e participara com ele na trama ignominiosa do que visava ferir a república em seu âmago.

E não era só isso: ele se associara intimamente à Catilina, aderindo a todos os seus projetos, assumindo a direção de reuniões secretas onde decretou friamente assassinatos nefandos. Conta o senador Lentulus:

> Num relâmpago, revivi toda a tragédia, sentindo que as minhas mãos estavam nodoadas de sangue e das lágrimas dos inocentes. Contemplei, atemorizado, como se estivesse regressando, involuntariamente, a um pretérito obscuro e doloroso, a rede de infâmias perpetradas com a revolução em boa hora esmagada pela influência de Cícero e o detalhe mais terrível é que eu havia assumido um dos papéis mais importantes e salientes na ignomínia... Todos os quadros

---

[18] Patrício romano (108-162). Chefiou a conspiração que foi denunciada por Cícero por meio das Catilinárias ou discursos contra Catilina.

[19] Marco Túlio Cícero (106-43). Orador romano e um dos maiores advogados de todos os tempos. Depois da morte de César, perseguiu tenazmente Marco Antônio e foi morto pelos partidários de Antônio perto da cidade de Formia.

hediondos do tempo passaram, então, à frente dos meus olhos espantados...[20]

Penso que seria interessante aqui traçar um retrato de Lucius Sergius Catilina, a fim de que se tenha uma ideia do que Emmanuel quer dizer quando trata da associação entre Lentulus e Catilina.

O historiador romano, Salústio, descreve-o como uma alma tão criminosa para com os homens e os deuses que não encontrava sossego nem andando nem dormindo, de tal modo o remordia a consciência. Daí, sua voz pálida, seu olhos vermelhos, seu andar ora rápido, ora lento, em tudo nele a loucura transparecia.[21] A história pregressa de Catilina era terrível. Na mocidade havia sido acusado de deflorar uma vestal,[22] irmã consanguínea da primeira esposa de Cícero. A justiça absolveu a Vestal, porém, a opinião pública não perdoou Catilina e passou a lhe atribuir a morte de um filho apenas para agradar a sua ciumenta amante. Tratando da conspiração de Catilina escreveu Will Durant:

> Politicamente barrado, Catilina recorreu à guerra. Em seguida, organizou na Etrúria um exército de 20.000 homens e formou em Roma um grupo de conspiradores, com representantes de todas as classes, dos senadores aos escravos e dois pretores urbanos: Cetego e Lêntulo. Em

---

[20] Emmanuel. *Op. cit.* p. 23.
[21] Salústio. *A Guerra de Catilina.* Cap. XV.
[22] Sacerdotisa da deusa Vesta.

outubro do ano seguinte, disputou de novo as eleições para o Consulado e, a fim de assegurar a sua eleição, dizem os seus inimigos historiadores que ele planejou o assassinato do rival durante a campanha. Informado do que estava acontecendo, Cícero encheu de guarda o Campo de Marte e superintendeu a votação. A despeito do entusiasmo dos proletários, que o apoiavam, Catilina perdeu a eleição. No dia sete de novembro, conta Cícero, vários conspiradores bateram na sua porta, mas foram expulsos pelos guardas. No dia seguinte, vendo Catilina no Senado, Cícero lançou-lhe a soberba interpelação que todos os estudantes de latim sabem de cor: *Quosque tandem, Catilina abutere patientia nostra?*[23] À medida que Cícero ia falando, todos se afastavam dele, até que, por fim, se viu sozinho, a receber em cheio a torrente de acusações que lhe caíam sobre a cabeça como chibatadas. Cícero recorreu a todas as emoções, falou da nação como o pai comum e de Catilina como um parricida e o acusou, não com provas, mas com insinuações, de conspirar contra o Estado e o acusou ainda de roubo, adultério e anormalidade sexual; e, por fim, pediu a Jove[24] que protegesse Roma e desse a Catilina punição eterna. Quando Cícero acabou de falar, Catilina deixou o lugar sem que fosse importunado e foi se reunir aos seus amigos na Etrúria.

Como vimos Catilina estava na Etrúria, onde contava com cerca de 3.000 homens armados. Marco Antônio foi mandado com um exército para combater as forças

---

[23] Até quando, Catilina, abusarás de nossa paciência?
[24] O mesmo Júpiter. Principal deus do panteão romano.

## Abrem-se as cortinas

de Catilina e mais a quantia de duzentos mil sestércios para oferecer aos rebeldes que quisessem abandonar a sua causa, entretanto, nenhum deles desertou. Os três mil foram batidos e mortos, inclusive Catilina. Voltemos, porém, ao texto de Emmanuel que vínhamos estudando.

Emmanuel confessa que aquilo que mais o humilhava nessas retrospectivas de um passado culposo era o fato de ter usado as suas prerrogativas e de autoridade para aproveitar-se da situação e exercer torpes vinganças contra os inimigos pessoais. Não se envergonhava de expedir ordens de prisão sob as mais terríveis acusações, muitas delas provavelmente falsas. Não bastava a ele, porém, a simples prisão de seus inimigos, o encarceramento nos calabouços infectos, com a separação das pessoas amadas, ele desejava também a morte deles e os executava com requintes de crueldade. Confessa inclusive que a uns ele havia mandado arrancar os olhos em sua presença.

Esta passagem mostra-nos com grande clareza a necessidade do esquecimento de vidas passadas. Por meio de um sonho, ele se lembra de todas essas ações tremendas e o seu sofrimento não é pequeno, pois a culpa lhe cobra um preço muito alto. Imagine o leitor se cada um de nós, detentores de um passado lamentável como este, pudesse lembrar-se dele a cada momento de nossas vidas, de cada erro, de cada crime, de cada traição, de cada homicídio... Deus, portanto, foi bom e sábio ao nos ocultar temporariamente as nossas mazelas do passado.

Prossegue Lentulus contando que, em seu sonho, depois de todas essas maldades e escândalos, fora preso e condenado à morte por estrangulamento.[25] Depois de desencarnado, passando pelo Aqueronte[26] e pelo lugares sombrios do Averno,[27] foi envolvido por suas vítimas desencarnadas que vieram esperá-lo em busca de vingança. Estes espíritos o cercam, gemem e choram, acusam-no. Ele não sabe quanto tempo passou neste estado. Seria interessante lembrar que no livro *Nosso Lar*, André Luiz também nos fala que havia perdido, depois da morte, as noções de espaço e de tempo. No meio de seu desespero, aparece-lhe a figura de Lívia. Então a tese da reencarnação é mais uma vez sustentada, quando Lentulus diz estar ligado à sua esposa desde épocas remotíssimas.

Na religiões antigas, havia uma ideia bastante interessante: a nossa conduta na Terra é avaliada, ação por ação, pelos poderes invisíveis e desencarnando, vamos dar conta desses atos em um tribunal no Mundo dos Espíritos. Emmanuel sustenta esta ideia tradicional ao fazer Lentulus enfrentar um tribunal espiritual que irá julgá-lo. Esse tribunal não é formado por deuses, como acontecia no Egito Antigo, mas por espíritos de aparência humana que lhe pareceram anciões de veneráveis cãs.[28] Lívia, naquele momento, era seu anjo tutelar, porque sua destra pairava sobre a cabeça dele como para

---

[25] É fato histórico que um certo Lentulus, amigo de Catilina, foi preso em Roma e executado.
[26] Rio que separava o mundo dos mortos do mundo dos vivos, segundo a religião greco-romana.
[27] Mundo espiritual dos antigos gregos, também chamado de Hades.
[28] Cabelos brancos. Daí o verbo encanecer, que significa embranquecer os cabelos.

## Abrem-se as cortinas

lhe transmitir serenidade, tranquilidade no momento de seu julgamento. Esse detalhe mostra como o espírito de Lívia era bem mais evoluído do que o animava o corpo de Lentulus. O que lhe pareceu presidente do tribunal, dirigiu-lhe a palavra:

> Publius Lentulus, a justiça dos deuses[29] na sua misericórdia determina tua volta ao turbilhão das lutas do mundo, para que laves as nódoas de tuas culpas nos prantos remissores. Viverás em uma época de maravilhosos fulgores espirituais, lutando com todas as situações e dificuldades, não obstante o berço de ouro que te receberá ao renasceres, a fim de que edifiques a tua consciência degenerada nas dores que purificam e regeneram!...[30]

Comentemos este pequeno trecho. Nesta passagem fica bastante claro que a encarnação de Publius Lentulus não foi decisão sua, mas imposta por seus maiores. Sabemos que estas encarnações impostas aos espíritos se dão em virtude de estes terem perdido a faculdade de escolher livremente e são, em geral, encarnações em expiação. De nosso ponto de vista, porém, o que pode ter acontecido aqui foi o seguinte: por sugestão de Lívia e de outros espíritos luminosos que desejavam que Publius não se perdesse, a sua encarnação foi planejada por estes amigos espirituais. Repare o leitor que ele se encontra recém-desencarnado. Assim é provável que ele tenha

---

[29] O uso da expressão "a justiça dos deuses" é justificado pelo contexto em que está o romance, ou seja, o mundo pagão pré-cristão.
[30] Emmanuel. *Op. cit.* p. 21.

sido consultado se aceitaria ou não aquela encarnação regeneradora e ele a aceitou. Com isso, o seu livre-arbítrio teria sido respeitado.

> Feliz de ti se bem souberes aproveitar a oportunidade bendita da reabilitação pela renúncia e pela humildade... Determinou-se que sejas poderoso e rico a fim de que, com teu desprendimento dos caminhos humanos, no instante preciso, possas ser elemento valioso para os teus mentores espirituais Terás a inteligência, a saúde, a fortuna e autoridade como ensanchas à regeneração integral de tua alma, porque chegará um momento em que serás compelido a desprezar todas as riquezas e todos os valores sociais, se bem souberes preparar o coração para a nova senda de amor e humildade, de tolerância e perdão que será rasgada em breves anos à face escura da Terra!...

O espírito especifica as condições da nova encarnação. Novamente, viverá no seio de uma família rica e poderosa, terá inteligência e saúde. Como se pode ver esta seria uma encarnação em prova e não em expiação, embora as provas por que passará sejam bastante duras, mas decorrentes de sua invigilância, orgulho e vaidade. Não lhe foram retiradas as condições sociais e econômicas que tivera na vida anterior e das quais fizera mau uso. Essas coisas lhe são devolvidas com a intenção de que ele aprendesse a lidar com elas. Teria que aprender a humildade, vivendo na opulência, a igualdade e a fraternidade, nascendo em uma classe social superior. Acontece com ele o mesmo que aconteceria com um aluno de uma escola abastada que repete de ano, mas no ano seguinte fica na mesma escola, com os mesmos professores, com o mesmo conforto, para ver se é capaz de, revendo suas posições, passar de ano.

Continua o guia espiritual falando do alto de sua sabedoria:

> A vida é um jogo de circunstâncias que todo espírito deve entrosar para o bem no mecanismo de seu destino. Aproveita pois essas possibilidades que a misericórdias dos deuses coloca a serviço de tua redenção. Não desprezes o chamamento da verdade, quando soar a hora dos testemunhos e das renúncias santificadoras. Lívia seguirá contigo pela via dolorosa do aperfeiçoamento e nela encontrarás o braço amigo e protetor para os dias de provações ríspidas e acerbas. O essencial é a tua firmeza de ânimo no caminho escabroso, purificando tua fé e tuas obras na reparação do passado delituoso e obscuro.[31]

Esta passagem sobre as encarnações reparadoras é belíssima, contudo, para efeito do enredo, o que mais nos interessa aqui é a notícia de que Lívia encarnará com ele. Lívia, espírito de grande evolução, possui um amor incomensurável por Publius, amor que veio sendo construído ao longo de muitas vidas. Amor que não vê sacrifícios pela criatura amada. Lívia, por certo, não precisava encarnar na Terra e o fez apenas por amor, renunciando temporariamente ao mundo superior em que vivia.

---

[31] Emmanuel. *Op. cit.* pp. 24-25.

Retomemos a conversa entre Publius e Flaminius. Flaminius ouvia com paciência a longa explanação de seu amigo. Não concordava com ela, mas não gostaria de criticar o seu amigo que tinha por irmão. Assim, com suavidade, o romano incentivou seu interlocutor a continuar o seu relato. Publius, sentindo-se compreendido, prosseguiu com o seu discurso. Conta então que, em certo momento, não mais viu a figura carinhosa de Lívia junto dele. Naquele momento, ele sente que estava retornando à Terra. Todas aquelas coisas são incompreensíveis para Lentulus, por isso, ele pede a opinião do amigo sobre o sonho que havia narrado.

Em sua fala de contraste, Flaminius se confessa uma pessoa religiosa, que acredita nos áugures de Roma, mas é inteiramente cético com respeito aos sonhos. Os sonhos são produtos da imaginação, coisas fantasiosas que um homem sensato não pode aceitar como verdade plena. Ele apresenta como reforço à sua tese o argumento de que, graças às ilusões dos sonhos, os gregos teriam se transformado em escravos. Ele deveria, em vez de acreditar em fantasias vãs, agradecer aos deuses que deram ao ser humano o raciocínio e o bom senso.

Lentulus observa ao amigo que ele seria ingênuo se estivesse fazendo afirmações com base em um simples sonho. Havia coisas que ele ainda não dissera e que reforçavam o seu ponto de vista. Flaminius fica interessado em saber o que estava ainda oculto. Publius Lentulus toma o amigo pelo braço e o conduz ao tablínio, uma espécie de escritório, onde havia vários pergaminhos e imagens de cera. Ali, ele mostra ao amigo uma imagem de cera e pergunta a Flaminius se conhecia a pessoa que a imagem representava. Flaminius responde que se tratava de Publius Lentulus Sura, que havia participado da revolta de Catilina e fora executado em Roma fazia noventa e quatro anos.

Lentulus pede ao amigo que observe a semelhança entre o homem representado e ele mesmo. Flaminius, sempre disposto a defender o espaço da descrença argumenta que a semelhança entre eles era normal e comum entre pessoas de mesma linhagem, sem a necessidade de outras explicações. Como se quisesse antecipar outros raciocínios céticos do amigo, ele dá outro indício a favor da tese da reencarnação, mostrando um texto de Sura e pede a que compare a letra do velho romano com a dele e, de fato, as letras são muito semelhantes, não havia como negar. O parágrafo termina com uma pergunta definitiva feita por Publius Lentulus: serei eu, Publius Lentulus Sura reencarnado? Aquela prova fora um golpe profundo nas convicções de Flaminius, mas não o suficiente para mudar a sua opinião.

O seu discurso, agora, é cheio de sutilezas. Não está mais tão convicto de que o amigo possa não estar dizendo a verdade, contudo, também não está convencido de que seu amigo seja o Publius Sura reencarnado e chega a fazer uma afirmação muito interessante: *concordamos de um modo geral com o teu ponto de vista, contudo, recomendo-te para que não se estenda estas considerações além do círculo de nossa intimidade fraternal.* Põe fim à conversa dizendo que o amigo parece necessitado de um bom descanso.

Escorreram-se algumas gotas de tempo entre os dois amigos e Flaminius, como se buscasse algo novo a dizer, sugeriu ao interlocutor que deixasse Roma, onde o bulício era perturbador e forçava-o a muitas obrigações. Além disto, Roma era bastante insalubre e as águas do Tibre começavam a ficar poluídas e o próprio ar era pesado e doentio. Sugeriu-lhe então que fosse passar um tempo na Palestina, onde o clima era adorável e poderia influir na saúde de sua filhinha doente. Se ele aceitasse a sua sugestão, Flaminius ficaria em Roma cuidando dos negócios dele, como se fossem os seus próprios. O Procurador da Judeia era amigos deles e, se fosse necessário, ele conseguiria que o Senado continuasse lhe dando os subsídios necessários à sua sobrevivência e de sua família. Esta sugestão, do ponto de vista do enredo, é muito interessante, uma vez fará que Lentulus, deixando Roma, vá à Palestina, onde se encontrará Jesus em seu trabalho de evangelização e anúncio do Reino de Deus.

Esta ideia de deixar a cidade das sete colinas para se dirigir à Palestina não foi mal recebida pelo senador. Havia, porém, um pequeno problema: Lívia estava grávida de três meses. Esse problema foi resolvido adiando-se a viagem para o fim do inverno, quando a criança já houvesse nascido.

## II
## O grande equívoco

Vamos abrir este capítulo com ligeira consideração sobre a mulher na Roma Antiga. No começo da formação da cidade, a mulher romana era robusta, de quadris largos de mulher parideira, seios fartos e generosos e de perfeita integridade moral. Dona de casa, cuidava dos filhos e do marido com enorme desvelo. Fiava a lã em casa para fazer os agasalhos do inverno, era a supervisora (*senhora* do lar) e companheira de seu marido, guerreiro e agricultor (*miles et agricola*). Esta mulher era austera, simples no vestir, não se maquiava em excesso. O poder que seu marido tinha sobre ela, como sobre toda a família, o *patria potestas* era um considerável instrumento de autoridade masculina, que dava ao homem um tríplice poder: o de rei, de juiz e de sacerdote.

Com o passar do tempo, depois da conquista de Cartago e, principalmente, após a vitória sobre a Grécia, com a importação dos costume helênicos, a situação das mulheres mudou consideravelmente. O casamento deixou de ser para elas um sacramento respeitável, assim muitas delas tornaram-se adúlteras, quase que publicamente. Muitas delas possuíam escravos com os quais poderiam ter casos íntimos e escravas que faziam o trabalho doméstico que, no passado, havia sido exclusivo das senhoras. Este afrouxamento moral atingiu as classes mais elevadas em que mulheres como Agripina, a mãe de Nero; Messalina, mulher do Imperador Cláudio; e Júlia, a filha de Augusto, entre outras, são exemplos desta nova mulher romana.

Naturalmente, nas famílias considerada conservadoras, poderiam se encontrar exemplos da matrona antiga que não havia optado pelo novo papel feminino na nova sociedade romana. Entre essas mulheres, que se preservavam, estava Lívia, a mulher de Lentulus e Calpúrnia, a esposa Flaminius Severus. São essas duas mulheres que vamos encontrar conversando no início do segundo capítulo deste belo romance.

Esta conversa acontece algum tempo antes da viagem do casal Lentulus para a Palestina. O assunto entre as duas mulheres cai sobre a doença de Flavia, a filha de Lívia. Calpúrnia conta à amiga que, quando seus filhos estiveram doentes, ela se valeu dos deuses, oferecendo um sacrifício a Castor e Polux[32] e os deuses interferiram curando os meninos. Este é um adiantamento do narrador sobre o modo como a filha de Lívia será curada. Calpúrnia adverte a amiga sobre o ambiente social que ela vai encontrar em Jerusalém. Ela adverte, principalmente, contra um certo Salvius Lentulus, parente de Publius. Trata-se de um homem maldoso, hipócrita e dissimulado. A esposa de Salvius é irmã de Claudia Procula que, por sua vez é casada com Poncius Pilatos, a quem o casal vai recomendado. Toda essa gente é perigosa e Lívia deverá

---

[32] Também chamados de *Dióscuros*, eram gêmeos, filhos de Zeus e Leda.

ter muito cuidado com as pessoas que vai conhecer por lá. Estas considerações do narrador ajudam a preparar o leitor para o que vai acontecer na Palestina sem, porém, nada dizer de concreto sobre o que vai suceder. Esta é uma técnica dos grandes romancistas.

Lívia fica assustada. Sua alma delicada e pura não estava acostumada a lidar com espíritos maliciosos, capazes de tecer a desarmonia entre as pessoas, espíritos vaidosos e perversos, dominados pela ignorância e pelo egoísmo. Pergunta, então, qual era a idade de Salvius Lentulus que ela julgava ser um homem já velho. A amiga responde que se trata de um homem ainda jovem, um pouco mais moço que Flaminius e de bela aparência. Preocupada com o esposo, que passava por uma fase difícil, sempre taciturno e irritadiço, Lívia teme que a estadia em Jerusalém, em ambiente tão nocivo, agrave ainda mais o estado emocional de seu marido. Calpúrnia aconselha apenas que ela confie na presença benéfica e consoladora dos deuses. A conversa é interrompida pela chegada de Publius e Flaminius.

Os dois homens se aproximaram das duas mulheres, Flaminius fez um chiste sobre a loquacidade feminina e Publius procurou, com bom humor, confortar a esposa que lhe pareceu preocupada. Terminados os preparativos para a viagem, vamos encontrar a família Lentulus no porto de Óstia.[33] Depois dos abraços dos amigos e de

---

[33] Porto mais famoso da Roma Antiga, ficava situado na foz do rio Tibre, a sete quilômetros do mar.

se acomodarem nas suas cabinas, o casal sentiu que o navio se deslocava graças à força hercúlea dos remadores experimentados.

A viagem foi tranquila, sem que nenhum incidente digno de nota acontecesse e os navegantes romanos chegaram a um pequeno porto de Palestina. Dali fariam a viagem a pé até a cidade de Jerusalém, onde o casal se hospedaria. Naquele tempo, as estradas para a cidade de Davi eram inseguras, estreitas e perigosas e não era difícil que bandoleiros ou mesmo guerrilheiros, judeus antirromanos ficassem de tocaia para atacar os passantes, principalmente se fossem romanos. Por isso, Publius pediu a Comênio, um seu lugar-tenente, que cuidasse para que a segurança dele e de sua família fosse total. Assim, a família romana foi escoltada pelos duros legionários acostumados a todas as formas de luta e comandado por um militar experimentado chamado Sulpicius Tarquinius. Aconteceu então o primeiro teste por que Lentulus deveria passar na Palestina.

A caravana ia sem maiores atropelos quando, quase às portas de Jerusalém, um projétil cortou o ar e penetrou no palanquim do senador. Ao mesmo tempo, ouviu-se um grito estridente: um calhau havia batido contra o rosto de Lívia, causando-lhe um pequeno ferimento. Instaurou-se grande confusão pelo inesperado da situação. Então, Tarquinius, o lictor[34] de Pilatos, vendo um rapaz

---

[34] Oficial que servia às autoridades e magistrados romanos e que os acompanhava caminhando à sua frente, levando aos ombros os feixes e na mão direita uma vara.

de seus dezoito anos que se afastava, correu atrás dele e o prendeu, sem estar certo de que havia sido ele mesmo o agressor. O rapaz foi levado até o romano para que ele determinasse qual seria a punição.

Aquele era um bom momento para que o senador mostrasse que estava disposto a modificar a sua conduta, perdoando o rapaz por um ato que não fora tão grave assim. Mas ele se lembra de que Flaminius lhe havia dito da necessidade de ser duro com relação àquele povo rebelde, a fim de que aprendessem a vê-lo com respeito. Assim, mandou que o rapaz fosse açoitado cruelmente. O castigo foi executado ali mesmo e os dentes do chicote cortaram a carne do jovem, e só pararam quando Lívia interrompeu aquele ato bárbaro como uma frase para chamar o marido ao bom senso: *Basta, Publius, porque os direitos de nossa condição não traduzem deveres de impiedade.*

Ele compreende que talvez o castigo fosse excessivo, contudo, quando Sulpicius pergunta o que fazer com o rapaz, ele diz em um impulso: Para as galés, aquela era uma segunda oportunidade de Lentulus se recuperar, mas ele não o faz e agrava ainda mais a sua dívida com a lei de Deus, mandando o rapaz para as galés, um rapaz cuja culpabilidade não estava provada. Aquele era um castigo terrível. Os condenados às galés deveriam ser colocados nos porões de um navio, a fim de remarem sem descanso e sob o estímulo do chicote do capataz. O porão era infecto e insalubre, muitos não resistiam por muito tempo a um castigo tão duro.

O rapaz, que esperneava nas mãos do carrasco que o açoitara, ao ouvir a sua condenação lançou contra o orgulhoso romano um olhar de ódio, um ódio forte, nascido do mais profundo de seu ser. O senador não deu a menor importância e talvez nem tenha notado aquele olhar colérico, não sabia o quanto os sentimentos fortes como o amor e o ódio podem arrastar um ser humano. Afinal, ele era um romano da classe dos patrícios e o que poderia temer um homem como ele de um miserável judeu que ousara agredi-lo.

Chegando à casa de Salvius Lentulus e Fulvia Procula, o casal recém-chegado foi muito bem recebido e grandes homenagens foram prestadas ao legado romano que visitava Jerusalém. Lívia, entretanto, sentia-se incomodada, pois não via sinceridade naquele tratamento. Assim que apresentara a filha doente à anfitriã, notara que ela se afastara da menina com movimento instintivo, não permitindo que Aurélia, sua filha única, se aproximasse da doentinha, apresentando, para isso, pretextos pouco convincentes. Mas não era só isso. Ao ver Poncius Pilatos, teve uma sensação íntima de desconforto, como se houvesse encontrado um antigo inimigo. Ao contrário de sua esposa, espírito delicado e sensível que era capaz de captar as energias positivas ou negativas de pessoas ou ambientes, Publius sentia-se muito bem. No fundo estava feliz com o modo como havia sido recebido em Jerusalém, satisfeito em face da nova tarefa que exerceria ali em suas atividades de representante do Estado romano naquela cidade.

## O grande equívoco

Com a habilidade própria dos grandes romancistas, Emmanuel retoma o tema do escravo que dá nome ao capítulo. Para tanto, faz com que Lentulus receba, em seu gabinete, na torre Antônia,[35] a visita de um senhor judeu, um pouco mais velho que ele. O homem comportava-se com discreta humildade, que não eliminava um resto de altivez, expressando-se com dificuldade, lentamente, para se fazer entendido pelo romano, identificou-se como André, filho de operário modesto, mas membro de uma família judaica importante que, inclusive, possuía atribuições no Templo. Em seguida, confessa que é o pai de Saul, o rapaz que atirara uma pedra no rosto de Lívia e que havia sido condenado ao suplício das galés e pede ao senador que perdoe seu filho, mais ignorante que mau.

Mais uma vez Lentulus tem a possibilidade de exercitar o perdão e de sentir compaixão pelas criaturas que julgava inferiores. Ele, porém, não permite que a compaixão lhe invada coração e em lugar disto confirma a sua sentença em nome de uma pretensa justiça. Não aceita nem mesmo o direito de um pai pedir por um filho. Em vez de se compadecer do pai sofrido, acusa-o de não ter educado o rapaz, permitindo que ele fosse um desocupado. O caso está resolvido: o rapaz irá para as galeras. André ergue os olhos e fitando o vaidoso romano falou-lhe:

> Acabas de comprar, com a dureza do coração, um inimigo eterno e implacável!... Com os vossos poderes e prerrogativas,

---

[35] Era na torre Antônia em Jerusalém que ficava a residência do governador e sediavam-se as forças militares dos romanos.

## Jesus e Emmanuel

> podeis eliminar-me para sempre, seja reduzindo-me ao cativeiro ou condenando-me a perecer de morte infame, mas eu prefiro afrontar a vossa soberba orgulhosa!... Plantaste, agora, uma árvore de espinhos cujo fruto, um dia, amargará em remédio o vosso coração duro e insensível, porque a minha vingança poderá tardar, e como a vossa alma inflexível e fria, ela será também inflexível e tenebrosa.[36]

Lentulus estava muito longe de se dar conta da força destrutiva do ódio, cujo poder pode durar muitas existência. Quando Jesus nos aconselha que, antes de colocarmos a oferenda no Templo, deveríamos nos reconciliar com os nossos inimigos. André estava certo ao dizer que ele plantara uma árvore de espinhos e, no futuro, só poderia colher espinhos. Nesse trecho, Emmanuel deixa claro o problema das escolhas. Lentulus poderia escolher perdoar o agressor e não plantar o espinheiro, mas escolhe não perdoar e isso será causa para ele de grandes sofrimentos.

Nós desconhecemos os caminhos da existência que vivemos. Muitas vezes pensamos que a nossa vida é nossa e que podemos dar a ela a direção que desejamos dar e nada pode ser mais falso que isso. A vida é caprichosa, surpreendente e muitas vezes é mais inacreditável do que a própria ficção. Por que estamos dizendo isso? Vejamos:

Quando André deixa o gabinete de Lentulus, o senador vive uma verdadeira tempestade de sentimentos. Por um lado, estava furioso lembrando as palavras corajosas do judeu que, de seu ponto de vista, eram extremamente

---
[36] Emmanuel. *Op. cit.* p. 44.

# O grande equívoco

ofensivas. De início, pensou em mandar prender imediatamente aquele homem cuja ousadia não possuía limites. Depois, reconsiderou: não era ele também pai? Se estivesse no lugar daquele homem não agiria de modo semelhante? Em verdade, dera motivos para que o judeu o considerasse um homem cruel. Sem querer, lembrou-se de seu sonho e de suas maldades na vida passada como Lentulus Sura. Essas reflexões fizeram-no rever a sua posição com respeito ao jovem Saul e decide mandar trazer o rapaz à sua presença para libertá-lo e enviá-lo de volta à casa de seu pai. Ao mandar que a sua ordem fosse executada, ficou sabendo que o rapaz não estava mais na prisão, provavelmente havia fugido. Esta notícia tranquilizou Lentulus, que, com a consciência aliviada, deu ordens para que o rapaz não fosse perseguido.

Em verdade, porém, Lentulus estava redondamente enganado. Naquele tempo, funcionários subalternos do Império, com caracteres duvidosos, costumavam selecionar alguns condenados que lhes parecessem saudáveis ou instruídos e os vendia para ambiciosos mercadores de escravos, auferindo, assim, algum lucro. O negócio era seguro, pois havia a alegação de que o prisioneiro havia fugido. Foi isso o que aconteceu com Saul, o filho de André que, comprado por um mercador, embarcou no porto de Jope[37] rumo à capital do Império.

---

[37] Porto de mar que ficava em Jerusalém, onde iam ter as jangadas com as madeiras cortadas do Líbano e dali transportadas para a construção do Templo de Jerusalém.

No Mercado, Saul foi apresentado aos possíveis compradores como um jovem robusto e saudável que valia (preço de ocasião) apenas cinco mil sestércios. Um homem se aproximou e barganhou com o mercador tentado reduzir o preço para quatro mil sestércios. Esse comprador se chamava Valerius Brutus, capataz dos serviços comuns da casa de Flaminius Severus, que o incumbira de adquirir um escravo no mercado para o serviço das bigas[38] de seus filhos nas grandes festas romanas. As parcas[39] fiam...

---

[38] Carros puxados por dois cavalos usados com frequência nas corridas esportivas
[39] Divindades do mito grego responsáveis pelo destino, eram três: Cloto, Lákesis, Átropos.

## III
# O governador de Roma

Decidimos incluir aqui, neste capítulo, uma breve biografia do Governador da Judeia, porque o próximo capítulo de *Há dois mil anos* terá em Pilatos uma personagem de grande importância e com espaço considerável no enredo do romance.

O nome Pilatos significa, *armado com um dardo ou aquele que traz o pillus*, ou seja, um barrete de feltro que usavam os escravos manumitidos, como símbolo de sua liberdade, o que pode indicar a origem não muito nobre de Pilatos. Poncius Pilatos foi o quinto governador romano da Judeia depois da deposição de Arquelau, filho de Herodes, o Grande, no ano VI da era cristã. No ano 26, o Imperador Tibério nomeou Pilatos para suceder, em Jerusalém, Valerius Gratus. Pilatos chegou à Judeia no mesmo ano de sua nomeação, acompanhado de Claudia Procula, sua esposa, conforme nos informa o evangelista Mateus (XXVII:19). O historiador romano Tácito (*Anais*, III:33) nos conta que, durante muito tempo, foi proibido que os governadores levassem suas esposas para os lugares onde eram destacados. Foi o Imperador Augusto que acabou com esta proibição.

Pilatos teve alguns conflitos com os judeus. O primeiro deles se deu logo depois de sua chegada a Jerusalém. Os antigos governadores, conhecendo muito bem os valores religiosos judaicos, costumavam deixar as insígnias romanas fora da cidade. Pilatos, porém, não teve este cuidado. Estas insígnias eram pequenas águias de prata e imagens do imperador, o que causava uma profunda revolta entre os judeus, que detestavam a idolatria.

As lideranças judaicas, revoltadas enviaram seus representantes à Cesareia, onde ficava a residência oficial dos Procuradores. Em *Antiguidades Judaicas*, livro escrito pelo historiador judeu romanizado Flavius Josephus, Pilatos, depois de tentar intimidar os delegados, acabou cedendo e retirou as efígies gentias da cidade santa. Não demorou muito e outro conflito estourou entre os judeus e Pilatos. Desta vez, o romano resolveu utilizar o corbã,[40] o dinheiro santo pertencente ao Templo, para a construção de um aqueduto que traria água para Jerusalém, tirada da parte sul da cidade. Os judeus consideraram que o uso do dinheiro do Templo para fins seculares seria uma profanação.

Novamente, os judeus ficaram indignados e esperaram Pilatos vir à cidade e, quando se deu a visita, cercaram o tribunal com grande alarido e gritos de protestos. Pilatos, que havia sido previamente avisado da manifestação, chamou alguns de seus soldados e mandou que eles, à paisana, se infiltrassem no meio da multidão, armados de bastão e adagas e ficassem à espera de um sinal seu.

---

[40] N.E.: Corbã (a transliteração do hebraico é *Qorban*) significa sacrifício, oferta, oblação. Literalmente, descreve aquilo que é levado para junto do altar (do verbo *qarab*).

## O governador de Roma

Quando a manifestação chegou ao auge, Pilatos deu ordens para que os seus soldados atacassem a multidão e foi o que eles fizeram e com tal violência que muitas pessoas morreram pisoteadas na fuga geral dos manifestantes. Este incidente causou um profundo desgaste político a Pilatos. O aqueduto, porém, foi feito como Pilatos queria, mas seu governo passou a ser olhado com profunda desconfiança pelas autoridades do Templo.

De outra feita, Pilatos tentou dedicar alguns escudos em honra a Tibério e os colocou dentro do palácio de Herodes em Jerusalém. Crendo que evitaria problemas, ele pediu para não pintar o rosto do imperador nos escudos, mas apenas colocou o nome deste, mesmo assim os judeus ficaram aborrecidos. Os homens mais influentes da cidade mandaram uma carta a Tibério que, por sua vez, ordenou a Pilatos que enviasse o escudos para Cesareia.

Agripa I, em uma carta citada por Fílon, descreve o caráter de Pilatos do seguinte modo: Era um homem de disposição inflexível, sem misericórdia e obstinado. Temia que o povo fosse contar ao Imperador os atos de sua vida corrupta, a violência de seu governo, os insultos que ele dirigia ao povo, a crueldade com que castigava sem julgamento nem processo e as desumanidades sem número por ele cometidas. Era costume dos Procuradores irem a Jerusalém quando as enormes multidões ali se reuniam por ocasião das grandes festas. Foi em uma dessas festas que Pilatos mandou matar um grande número de galileus cujo sangue, segundo Lucas (XIII:31) misturou-se com os sacrifícios deles.

## Jesus e Emmanuel

Os galileus eram pessoas muito turbulentas, que gostavam de brigar e causar tumultos. Vamos lembrar que Pedro, que era galileu, andava armado com uma espada ao lado de Jesus, ou se armou no dia da prisão de seu Mestre. Assim, não deve ter sido à toa que Pilatos foi tão duro com eles. Provavelmente houvessem armado um tumulto na cidade. Os galileus eram súditos de Herodes e a morte deles por Pilatos deve ter sido a causa da desavença entre esses dois homens, desavença essa que terminará quando Pilatos, com um gesto conciliatório, mandou Jesus a Herodes para ser julgado.

Todas essas informações sobre a personalidade de Herodes nos impede de aceitar a figura romântica de um Pilatos altaneiro, orgulhoso, ciente de que Jesus era inocente, mas forçado pela pressão dos homens do Templo a condenar Jesus. Nada disto, se Pilatos realmente quisesse salvar o Nazareno, nenhuma pressão judaica o impediria. Ele não o fez porque não era bom para ele politicamente. Pilatos jamais perguntou ao julgar: qual é o meu dever? Mas perguntava sempre: qual é o meu interesse? Não seria bom que Tibério soubesse que ele absolvera um homem que se dizia rei dos judeus. Temeu também que a sua impopularidade crescesse mais ainda perante às lideranças judaicas. Assim, para ser agradável aos homens do Templo, mandou açoitar, cruelmente, o homem que ele sabia ser inocente. Permitiu que debochassem de Jesus, impiedosamente, que lhe infligissem mais torturas ainda e, por fim, mandou que ele fosse crucificado e apenas para irritar os judeus mandou escrever em uma tabuleta a frase famosa: *IESUS NAZARENUS REX IUDEORUM (INRI) ou Jesus de Nazaré, Rei dos Judeus.*

O governo de Pilatos terminou inesperadamente, do modo que passo a narrar: Aconteceu que um impostor samaritano prometeu a seus compatriotas que, se eles quisessem subir com ele o monte Garazim, mostrar-lhes-ia o lugar onde Moisés havia escondido um grande número de vasos de ouro que pertenciam ao Tabernáculo. Em verdade, Moisés nunca estivera naquele lugar e nem mesmo atravessara o Jordão, mas as multidões, sempre dispostas e crer em mitos e lendas, reuniram-se no sopé do monte Garazim. Todos eles, ou pelo menos a maioria, portava armas.

Quando Pilatos soube do que acontecia mandou seus soldados cercarem o monte e todos os caminhos que levavam a ele. Assim, soldados de infantaria e de cavalaria marcharam contra os samaritanos e grande foi a mortandade. Os que não morreram ali, Pilatos mandou executar depois. Os samaritanos fizeram uma queixa formal contra Pilatos e mandaram-na a Vitélio, legado da Síria. A queixa foi acolhida e Vitélio foi mandado para o lugar de Pilatos e este chamado a Roma para se explicar ao Imperador. Pilatos partiu para a cidade de César, contudo, para a sua sorte, Tibério deixou esta vida no dia 16 de março do ano 37, conforme nos conta Flavius Josephus. Não se sabe com certeza o que aconteceu com Pilatos. A versão mais comum nos diz que ele teria sido banido para Viena, sobre o Reno, ao sul da França, onde se suicidou.

Jesus e Emmanuel

Em Casa de Pilatos

Lentulus, Lívia e os dois filhos estão hospedados em Jerusalém, na casa de Salvius Lentulus, o pretor a que já nos referimos.[41] A Jerusalém daquele época havia sofrido o efeito de um sopro de modernidade. Herodes, o Grande, havia sido um grande construtor e um admirador franco da cultura greco-romana, por isso, aqui e ali, viam-se novas construções que se erguiam segundo o gosto helenizado e entre essas construções notáveis estava o Templo de Jerusalém, que Herodes mandara construir no ano 21 antes de Jesus Cristo. Este templo era escalonado, na forma de pátios ou átrios como: o átrio dos gentios, o átrio das mulheres, o átrio dos homens, o átrio dos sacerdotes e o santo dos santos, onde se acredita viver a própria divindade. Este foi o Templo que Jesus conheceu e frequentou ao longo de sua vida terrena.

Em Jerusalém, Lívia vivia mergulhada nas lembranças gostosas de Roma, uma vez que o ambiente daquela cidade lhe parecia diferente e hostil. Flavia, a filhinha doente, obtivera algumas melhoras, embora não muito grandes. Fulvia, por seu turno, não perdia a oportunidade de dar algumas alfinetadas na esposa do senador. Ela, porém, evitava dizer ao marido o que estava acontecendo. Já achava que ele tinha preocupações bastantes para se importar com as maldades de uma mulher frívola e perversa. Não era esse, porém, o maior problema da

---
[41] Do latim *praetorius*, um juiz inferior ao juiz togado ou juiz de direito. Na Idade Média dava-se esse nome também aos grandes proprietários rurais.

## O governador de Roma

pobre mulher, pois havia outro bem maior: o assédio, inicialmente muito sutil de Poncius Pilatos, desejoso de conspurcar a sua honra. Embora as investidas do governador fossem táticas e sutis, cheias de frases ambíguas, a alma feminina de Lívia percebia quais eram as verdadeiras intenções daquele homem.

Levando o seu projeto à frente, o governador convidou o casal recém-vindo para um banquete em sua companhia. Emmanuel descreve este banquete com rara habilidade e o seu texto lembra bastante o banquete de Trimalcião que Petronius nos descreve em seu livro clássico, *Satíricon*. No banquete do texto de Emmanuel haveria ainda um espetáculo de gladiadores que só não foi realizado pela sensibilidade de Lívia, que não suportava aqueles espetáculos sanguinolentos.

Depois do jantar, seguindo os seus sórdidos desígnios, em conversa informal, Pilatos convida Publius Lentulus a mudar-se para a sua casa, lembrando que isso não ofenderia Salvius já que a esposa deste, Fulvia, era irmã de Claudia Procula, esposa dele. Salvius interfere como se quisesse que o casal Lentulus continuasse em sua casa. Fulvia, entretanto, sem disfarçar a sua contrariedade, disse claramente que desejava ver o casal fora de sua casa por causa da doença da menina. As palavras de Fulvia causaram um profundo mal-estar em todos os presentes. Claudia, muito diferente de sua irmã, para diminuir a dor de Lívia, levanta-se, toma a menina no colo e beija as suas faces cobertas de tons violáceos. O gesto solidário da mulher de Pilatos abrandou um pouco a dor de Lívia.

Passado este momento, marcado pelo constrangimento, Pilatos aproveita para fazer uma sugestão ao casal. Ele possui uma pequena vila nos arredores de Nazaré, onde poderia instalar a família em uma casa confortável e o clima campestre do lugar auxiliaria, por certo, na recuperação da pequena Flavia. A referência a Nazaré enseja ao narrador a oportunidade de colocar o tema Jesus naquela conversa e quem faz isso é Sulpicius Tarquinius, homem da confiança de Pilatos.

A opinião de Sulpicius é extremamente favorável e Emmanuel coloca em sua boca uma bela descrição do pensamento de Jesus Cristo, que tomamos a liberdade de reproduzir aqui:

> De sua personalidade de extraordinária beleza simples, vinha um "não sei quê" dominando a turba, que se aquietava de leve, ouvindo-lhe as promessas de um eterno reinado... Seus cabelos esvoaçavam à brisa da tarde mansa, como se fossem fios de luz desconhecida nas claridades serenas do crepúsculo; e de seus olhos compassivos parecia nascer uma onda de piedade e comiseração infinita. Descalço e pobre notava-se a limpeza da túnica, cuja brancura casava-se à leveza de seus traços delicados. Sua palavra era como um cântico de esperança para todos os sofredores do mundo, suspenso entre o céu e a terra, renovando os pensamentos de quantos o escutavam... Falava de nossas grandezas e conquistas como se fossem coisas bem miseráveis, fazia amargas afirmativas com respeito às obras monumentais de Herodes, em Sebastos, afirmando que acima do céu está um Deus Todo-Poderoso,

providência de todos os desesperados e de todos os aflitos... No seus ensinamentos de humildade e amor, considera todos os homens como irmãos bem-amados, filhos desse Pai de Misericórdia e justiça, que nós não conhecemos.[42]

A bem da verdade, é bom que se diga que este discurso não poderia ter sido feito por um romano rude, treinado para a violência e para os trato das armas. Vamos lembrar ainda ao leitor que foi esse mesmo Sulpicius Tarquinius que prendeu o jovem judeu e aplicou nele o sangrento corretivo ordenado pelo senador Lentulus. Assim, preferimos acreditar que a descrição é do próprio Emmanuel, posta nos lábios de um personagem, recurso perfeitamente válido nos romances, contos e novelas.

Pilatos respondeu com desagrado às palavras do soldado. Não aceitava principalmente a questão da igualdade entre romanos e judeus, entre escravos e senhores, entre ricos e pobres, entre bem e malnascidos. O que mais desagradara a Pilatos, porém, era a maneira pela qual falara o seu homem de confiança. Era como se ele estivesse ao lado do Nazareno. A resposta de Tarquinius é no sentido de negar a cumplicidade com o judeu, mas ao mesmo tempo afirma que Jesus não oferecia o menor perigo aos romanos, pois ele próprio era pobre e seus seguidores simples pescadores do lago Genesaré.

Pilatos, contudo, não satisfeito com o que ouvia, pergunta a Sulpicius o porquê de tão forte impressão e este lhe faz a seguinte narrativa: Um velho centurião, por nome

---
[42] Emmanuel. *Op. cit.* p. 58.

## Jesus e Emmanuel

Copônio, possuía um filho que estava muito doente, quase à morte e ele levou o menino a Jesus, que o curou apenas com o toque de suas mãos. Pilatos fica mais indignado ainda por saber que até mesmo centuriões andavam envolvidos com fanáticos judeus e resolve se comunicar com as autoridades do Tiberíades sobre tais eventos. Em seguida, há uma fala de Pilatos muito interessante por fazer referência ao ambiente social do judeus na época de que o romance está tratando. Diz com toda a razão que existe uma diferença fundamental entre os romanos e os judeus. Os romanos são práticos, objetivos e separam muito bem o sagrado e o profano, os judeus são fanáticos e confundem o sagrado e o profano, e entre eles nascem lideranças religiosas todos os dias. Por este motivo, Pilatos diz que não interfere nos casos particulares e dá atenção apenas aos homens do Sinédrio, que representam o real e legítimo poder judaico.

Em um certo momento, Pilatos aproveitando-se das circunstâncias, aproxima-se de Lívia e revela a ela os seus sentimentos, contudo, é repelido com firmeza, mas delicadamente. Pilatos insiste e Lívia abalada com a atitude daquele homem sofre uma espécie de desmaio. Atendida pelo marido e por Claudia Procula, ela recobra os sentidos. Nada revela ao marido sobre a causa de seu desmaio e o caso ficaria entre ela e o governador se Fulvia Procula e Sulpicius Tarquinius não houvessem ouvido tudo ocultos pela folhagem. Fica-se, então, sabendo duas coisas: Fulvia e Sulpicius eram cúmplices e Fulvia tinha um caso com Pilatos. A mulher de Salvius e o seu parceiro combinam a perda de Lívia, acusando-a de adultério.

## IV
## O gérmen da suspeita

Galileia era o nome primitivo de um distrito situado na região montanhosa de Naftali. Possuía cerca de 111 quilômetros de comprimento por 46 de largura. Era uma região montanhosa e nela existiam vales férteis, com regiões salpicadas de arvoredos e de um grande número de pequenas aldeias. Na Galileia, ficava o lago Tiberíades, imortalizado nos evangelhos de Jesus. O nome Tiberíades foi dado por Herodes em homenagem ao imperador Tibério. Era conhecido nos tempos antigos como Mar da Galileia. Este nome era, de fato, uma hipérbole, uma vez que não é tão grande quanto um mar e podia ser atravessado em meia hora de barco. Mais poeticamente, por ter a forma de uma harpa, em hebraico *Kennereth*, é que recebeu o nome de Genesaré. A maior de suas cidades chamava-se Séfora e a aldeia mais significativa denominava-se Jafa. Em razão do grande número de estrangeiros que ali viviam, era chamada de Galileia dos Gentios.

Depois dessas breves pinceladas sobre a terra onde se vão desenvolver os próximos capítulos, vamos voltar ao nosso trabalho de análise do romance. Este capítulo se abre com uma visita que Fulvia Procula faz a Publius Lentulus. Nessa oportunidade, a mulher, insidiosamente, coloca no coração do senador o germe da suspeita, dizendo ter visto a esposa dele em colóquio com o governador e que ele, portanto, tomasse cuidado. Lentulus rechaça aquelas insinuações sobre a honra de sua esposa. A mulher diz ao seu interlocutor que a prova do que dizia era o fato de Lívia desejar a partida imediata para Nazaré, onde poderia se encontrar com Pilatos mais facilmente. Sai em seguida, deixando plantada no coração de Lentulus a semente da dúvida que faz nascer a erva escura da desconfiança.

Em seguida, cumprindo o projeto de Fulvia, Sulpicius procura Lentulus para lhe propor a mudança não para Nazaré, mas para uma casa nas proximidades de Cafarnaum, uma cidade pesqueira bastante movimentada. A semente plantada por Fulvia havia crescido e, assim, Lentulus considerou que estaria contrariando os projetos amorosos de Pilatos não indo para Jerusalém.

Naquele mesmo dia, à noite, Lívia, inocentemente, visando melhorar o estado de ânimo de seu marido, sugere a ele que apressasse a mudança para Nazaré. Aquela frase, que parecia confirmar a calúnia de Fulvia, causou clara irritação em Lentulus, que diz a mulher que não mais iriam para Nazaré, mas para Cafarnaum. Lentulus estava confuso. Se, por um lado, amava a esposa com todas as forças de seu coração, por outro, a dúvida que ele permitira instaurar-se em sua alma, mordia-o por dentro como serpente venenosa. Tomou então a mão da esposa e faz um discurso cheio de emoções variadas e perde perdão à esposa, sem que ela soubesse o porquê. Por fim, ele chora e confia que a sua alma está repleta de sombras. Como se desejasse acalmar a alma perturbada de seu marido e

### O gérmen da suspeita

infundir-lhe mais confiança nela e na própria vida, Lívia toma uma harpa e canta:

> Alma gêmea de minha alma,
> Flor de Luz de minha vida,
> Sublime estrela caída
> Das belezas da amplidão!...
> Quando eu errava no mundo,
> Triste e só no meu caminho,
> Chegaste devagarinho.
> E encheste meu coração.
>
> II
> Vinhas na bênção dos deuses,
> Na divina claridade,
> Tecer-me a felicidade,
> Em sorriso de esplendor!...
> És meu tesouro infinito,
> Juro — eterna aliança,
> Porque eu sou tua esperança,
> Como és todo o meu amor.

A leitura desta poesia causa uma certa estranheza, se admitirmos que Lívia canta isso para o seu amado, sendo ela, espiritualmente, mais evoluída que ele, contudo, em seguida, fica-se sabendo que a letra havia sido uma composição dele para ela nos tempos da mocidade. O recurso de Lívia surtira bom efeito, pois com a doce melodia Lentulus se acalmara. A mulher aproveita para sugerir a ele que voltassem a Roma, todavia, o marido discorda dela, lembrando os sacrifícios que haviam passado para fazer

## Jesus e Emmanuel

aquela longa viagem e o fato de a menina estar apresentando ligeiras melhoras eram coisas positivas. O certo seria que se mudassem para Cafarnaum. Esta era a sua última palavra.

Na casa nova de Cafarnaum foram admitidas duas servas, uma chamada Ana e a outra Sêmele.[43] Vamos examinar este nome. Ana significa a bela, a formosa, é um nome hebraico. Assim se chamava a mãe do profeta Samuel e a avó materna de Jesus. Sêmele não é nome hebraico, mas frígio. No mito grego, Sêmele, amada por Zeus, deu à luz Dioniso ou Baco, deus do vinho e do teatro. Nesta narrativa elas exercerão funções compatíveis com os seus nomes. Pilatos, taticamente, lamenta que Lentulus não tenha aceitado a sua propriedade em Nazaré, preferindo a casa de Cafarnaum, mas, para provar que não ficara agastado, designara Sulpicius para servi-lo de segurança e mais um lictor e alguns centuriões permaneceriam sob as ordens do senador. Lentulus aceitou a oferta do governador, embora não pudesse esconder a pouca simpatia que sentia por ele.

Pouco tempo depois, o casal Lentulus se instalou na casa de Cafarnaum. Tudo estaria bem se a menina Flavia não estivesse piorando a olhos vistos. As feridas aumentaram e tomavam seu corpo magro e dolorido. Pela primeira vez ocorreu à mente do senador a possibilidade

---

[43] N.E.: Nome que remete à mãe de Dioniso na mitologia grega. Grávida de Zeus, pediu-lhe que se mostrasse em todo esplendor, morreu fulminada pela luz radiante de Zeus. Zeus então retirou do seu ventre Dioniso, colocando-o em sua coxa, onde terminou a gestação.
Mais tarde Dioniso buscou Sêmele nos infernos, retirando-a de lá e promovendo a sua aceitação no Olimpo sob a condição de deusa.

## O gérmen da suspeita

de ver Jesus e pedir a ele por sua filha. Ao mesmo tempo que dava um passo à frente na direção do Cristo, dava um outro atrás julgando que ir ao encontro daquele homem seria o máximo da humilhação para um homem de sua categoria.

Uma noite, tem uma conversa com Sulpicius e pede a ele que volte a lhe falar de Jesus. Sulpicius não se faz de rogado e retoma o tema daquela noite com o mesmo entusiasmo que tivera antes. A construção deste personagem é estranha uma vez que ao mesmo tempo que ele se mostra entusiasmado com as pregações e as curas de Jesus, é parceiro dos crimes de Fulvia. Esta aparente contradição é interessante porque aproxima o personagem de nós uma vez que não somos nem sempre coerentes com nossas palavras e atitudes. Assim, personagens demasiadamente idealizados, perfeitos e incapazes de contradição são menos verossímeis do que os que se contradizem, erram e acertam. Em um certo momento, o lictor pergunta a Lentulus se ele gostaria de conhecer Jesus, mas o orgulhoso romano diz não desejar este encontro. Assim, vemos, mais uma vez, Publius Lentulus jogando fora uma bela oportunidade de reformular a sua vida.

Enquanto os dois homens conversam, Ana e Lívia estão no quarto de Flavia, pensando-lhe as feridas que agora se generalizaram. A serva insiste com a sua ama que leve a criança para Jesus, para que ele a veja e talvez a curasse. A pobre mãe, apesar do estado lastimável da filha, diz que não faria o que Ana lhe sugere, pois o marido não estaria de acordo com esta medida. Ana aproveita para narrar a passagem evangélica de Jesus que deu origem à frase: *Deixai vir a mim os pequeninos porque deles é o reino de Deus.*

Ana insiste sobre Jesus e explica à sua senhora que não só as mulheres pobres e desvalidas estão junto com o Nazareno. Há também mulheres de alta condição social, como a esposa de um funcionário de Herodes[44] e uma mulher de posses, natural de Magdala, chamada Maria. Jesus não discrimina ninguém, acolhe com a mesma fraternidade, pobres ou ricos, judeus e gentios, senhores e escravos. O capítulo IV termina com um pedido que Flavia faz ao pai, que está junto de seu leito: "Papai, eu quero o profeta de Nazaré."

---

[44] Referência provável a Joana, cujo marido, Cusa, era intendente de Herodes.

# V
# O enviado

Antes de entrarmos no estudo deste capítulo, julgamos interessante dar uma olhada rápida no conceito de Messias. A palavra *Messias* é de origem hebraica e corresponde ao termo grego *Christos*. Assim, tanto se pode dizer Jesus, o Cristo como Jesus, o Messias. Esta palavra era aplicada a qualquer pessoa que fosse ungida com santos óleos como foi o sumo sacerdote (Levítico, IV:3, 5, 16); o rei Saul, como se vê no primeiro livro de Samuel (I:14-16). Este título também se aplicava aos patriarcas Abraão e Isaac e ao rei dos persas, Ciro, o Grande, que libertou os judeus do cativeiro da Babilônia. Quando Deus prometeu a Davi que o trono e o cetro permaneceriam na sua família para sempre (II Samuel: VII e XIII) a palavra Cristo (Messias) passou a ser aplicada aos representantes da linhagem real de Davi.

Assim que as profecias começaram a anunciar a vinda de um rei procedente da linhagem de Davi, que haveria de ser o grande libertador de Israel, aquele que sacudiria o jugo dos povos opressores que pesava sobre os ombros do povo de Deus. Este Messias existiria desde o princípio dos tempos, nos diz o profeta Miqueias (V:2-5), e se assentará no trono de Davi para sempre.

## Jesus e Emmanuel

Os judeus não aceitaram Jesus como a encarnação do Messias, uma vez que esperavam um messias guerreiro, que enfrentaria e venceria o Império Romano, instaurando uma nova ordem social, pela qual os judeus passariam a ocupar o lugar principal. Até os nossos dias, os judeus esperam ainda o seu Messias, que ainda há de vir para realizar as maravilhas que se supõe que ele possa fazer. Para nós, os cristãos, Jesus é um messias ou o Cristo de Deus que veio à Terra para nos ajudar a progredir na direção dos Mundos Maiores que Jesus chamava de Reino de Deus ou Reino dos Céus.

O capítulo V se abre com uma conversa entre Lentulus e Lívia. A esposa pede ao marido que permita que a sua filha seja levada ao homem de Nazaré, como uma espécie de última esperança de cura para ela, cuja doença avançava a cada dia. O senador concorda com um argumento muito interessante que nos revela o tamanho de seu orgulhoso coração. Diz ele que pretende ir sozinho, passando pelas margens do lago onde seria possível encontrar o profeta, como por acaso, e, caso o encontrasse, faria com que ele sentisse o prazer que nos causaria em ajudar nossa filha. Este pensamento chega a ser próximo do absurdo: ele é que prestaria um favor a Jesus caso este se decidisse ajudar a menina doente.

Assim, lá se foi o romano para realizar o seu projeto. Depois de caminhar imerso em seus pensamentos, por fim, encontrou-se com Jesus. Há então uma descrição de Jesus um tanto semelhante à descrição que Sulpicius Tarquinius fizera para os romanos na casa de Pilatos, com uma referência aos cabelos de Jesus que também aparece na primeira descrição. Isso comprova a nossa tese de que as duas descrições pertencem a Emmanuel. Publius estava preocupado com a forma de comunicação que teria com Jesus, uma vez que ele falava aramaico, língua que Publius desconhecia. Na conversa entre os dois, porém, a linguagem é outra, era como se as palavras entre os dois fossem de espírito para espírito, de coração para coração.

Na longa conversa entre Jesus e Lentulus apenas Jesus fala, uma vez que o romano tem a sua voz sufocada pela emoção. Isto é algo muito comum quando dois espíritos, um superior e o outro inferior, se encontram. O primeiro é como que sufocado pelas vibrações do segundo. Nesse encontro, Jesus diz uma frase que se encontra respaldada no livro de Emmanuel, *A Caminho da Luz*. Nela Jesus diz que desde a formação do planeta ele tem estado à frente da evolução da humanidade terrestre, buscando para seu redil as ovelhas tresmalhadas. Depois de um belo discurso sobre a lei do amor ante as ilusões deste mundo, Jesus diz que curou a filha de Lentulus.

A conversa é finda e Publius volta para casa. No caminho, mostra como o seu coração ainda permanecia duro e resistente a ser tocado pelo amor do Cristo. O velho Sura não desejava desaparecer para dar lugar ao Sura reformado, pelo menos até esta parte do romance. Reduz a figura de Jesus à de um dos muitos magos e feiticeiros que pululavam nas ruas de Roma, vindos, em sua maior parte, da Pérsia ou do Egito. Em casa encontra Ana e Lívia felizes pela evidente melhora de Flavia. O romano, entretanto, não partilha, porém, daquela felicidade, uma vez que atribui a melhora de sua filha a causas naturais. Repreende Ana com dureza pela indevida intimidade que tem com Lívia e por causa da fé que demonstra nas palavras e obras de Jesus.

Lívia se desgosta do modo como o marido tratara a sua serva e ele fica ainda mais irritado e, depois de dizer que Jesus em nada difere dos magos e feiticeiros de Roma, acusa a esposa de ter abandonado o culto sagrado dos deuses lares de Roma, o culto do fogo e o culto devido aos antepassados. A esposa, espírito muito elevado, como já vimos antes, discorda de seu marido e diz ter visto o leito da doentinha saturado em luz. Lentulus continua cego e afirma ter a esposa sido vítima de um desvario e que estava contagiada do fanatismo judaico, talvez referindo-se à influência de Ana junto dela.

Cada vez mais irritado, ele exige da esposa que não mais atribuísse a cura de Flavia ao taumaturgo judeu. Lívia concordou como era de seu costume e do dever de toda matrona romana tradicional. Publius, apesar de tudo, era um homem bom e justo e ela o amava acima de todas as coisas. No fundo de seu coração, porém, ao ver a filha já liberada das marcas da doença, agradecia no silêncio de seu coração a cura a Jesus, sem se importar muito com a opinião de seu marido sobre o caso.

O encontro com Jesus, como não poderia deixar de ser, causou uma profunda impressão na alma perturbada de senador. Não poderia se esquecer de como perdera a voz na frente dele, em como havia chorado qual criança e como se ajoelhara na frente dele, deixando de lado o orgulho romano que ele tanto prezava. Naquela noite, teve um sonho muito semelhante ao primeiro que tivera em Roma.

Naquele sonho, vira-se vestido com as insígnias consulares de Publius Lentulus Sura. Reviu os mesmos crimes, as mesmas atrocidades praticadas, as mesmas reuniões secretas a serviço de Catilina e, mais uma vez, foi levado ao mesmo tribunal do primeiro sonho. O mesmo juiz que lhe falara no sonho anterior volta a repreendê-lo lembrando que, mais uma vez, lhe havia sido dada uma oportunidade de mudança e ele fizera as escolhas erradas. O juiz vaticina-lhe dores futuras em razão dos seus desvios morais. Acordou com uma imensa sensação de tristeza.

Lívia, muito feliz, mostra a ele a filha curada e alegre, ele, entretanto, refletia em aceitar que aquilo havia acontecido pela ação terapêutica de Jesus. Esta passagem mostra como não é fácil a um espírito vencer as próprias dificuldades e limitações embora, como no caso de Lentulus, haja um interesse em que ele cresça, daí a constância da intervenção dos espíritos superiores por meio de sonhos.

Este capítulo termina com uma carta vinda de Roma, seu emissor era o amigo fiel Flaminius Severus que falava de suas saudades do casal e enviava lembranças da nobre Calpúrnia, também saudosa de sua amiga Lívia. Lentulus responde esta carta dando notícias, inclusive da cura de Flavia. Fala de Jesus, mas não demonstra o menor entusiasmo por ele e nem atribui a ele a menor participação na cura da filha. Por fim, revela ao amigo a sua vontade de retornar à cidade dos Césares.

## VI

## Maquinações das trevas

Este capítulo trata, como o nome indica, do rapto do filho de Lentulus, Marcus, por André de Gioras, o pai de Saul, que havia sido condenado às galés pelo senador. O crime se dá com a cumplicidade de Sêmele, a serva contratada juntamente com Ana para servir Lívia. O narrador começa a enredar os fios dos conflitos narrativos de maneira a fazer André de Gioras vingar-se de Lentulus e ter início aos duros sofrimentos porque passará o romano, que resultaram de sua escolha malfeita e que foram antecipados pelo juiz do tribunal espiritual.

Conforme o plano de Gioras, Sêmele se incumbiria de dar um sedativo ao menino para que ele adormecesse e depois, embrulhando-o em panos, o entregaria ao raptor. Ele estaria vestido de romano e ela de romana, para que nenhuma desconfiança caísse sobre alguém de sua raça. Tudo aconteceu conforme o planejado e Sêmele, usando uma roupa de sua ama, conseguiu se apossar da criança e entregá-la a Gioras que, montado a cavalo, se afastava rápido com o seu precioso fardo, enquanto a sua cúmplice entrava na casa. Como se isso não bastasse, Sulpicius, que havia visto tudo na escuridão da noite palidamente iluminada pelo luar não muito forte, tomou Gioras por Pilatos e Sêmele por Lívia. Ficou feliz porque acontecera o que ele mais desejava para favorecer os planos de Fulvia.

Enquanto essas coisas aconteciam, Publius Lentulus estava mais do que feliz. Sua menina estava curada e ele se preparava para voltar a Roma, onde sentia-se perfeitamente à vontade. Logo, porém, uma nuvem pesada toldou-lhe o espírito: seu filho desaparecera da casa sem que ninguém soubesse como. Publius ficou como louco e a sua primeira medida foi mandar açoitar desapiedadamente os sentinelas que juravam inocência. Durante toda a noite o açoite comeu as carnes daqueles homens fortes fisicamente que protestavam inocência aos gritos. Por fim, Lívia, angustiada, pediu ao marido que cessasse aquela cruel punição.

Há, então, um debate entre Lívia e Lentulus, em que ela defende o humanismo, a igualdade entre os homens e ele se aferra à ideia da superioridade dos romanos sobre os outros povos e dos senhores sobre os escravos. Ela argumenta no sentido de mostrar ao marido que os escravos não são animais, mas pessoas que possuíam pais e filhos que eles amavam com ternura. Publius insiste que a ideia de igualdade lhe parece um absurdo: como Lívia poderia se comparar, sendo mãe de filhos livres, a uma escrava, mãe de escravo. Lívia responde argumentando que mesmo os animais possuem elevados instintos em se tratando de maternidade. Em seguida, coloca a questão da maior responsabilidade paterna em relação aos filhos, maior do que a de outra qualquer pessoa:

> [...] E ainda assim, querido, mesmo que eu não tivesse nenhuma razão, manda o raciocínio que examinemos a nossa posição de pais, para considerarmos ninguém, mais

> que nós próprios, é passível de culpa pelo acontecido, visto que os filhos são um depósito sagrado dos deuses, que no-los confiam ao coração, impondo como dever de cada minuto a multiplicação do carinho e vigilância necessários; se sofro amargamente é por considerar o amor sublime que nos une aos filhos, sem poder atinar com a causa deste crime misterioso, sem poder imputar aos nossos a culpa desse tenebroso acontecimento...[45]

Depois de ter dito essas palavras sensatas, Lívia, amparada por mãos amigas e generosas, recolheu-se ao leito com febre alta. Publius, por seu turno, movido pelas palavras de sua esposa, mandou que os castigos cessassem e foi para o seu escritório, a fim de meditar sobre a situação que estava vivendo. Em seu refúgio, ele é visitado por Sulpicius, que segue à risca os planos de Fulvia. Sutil, insidioso, escorregadio, o homem, como um lavrador do mal, plantas novas sementes de maldade na alma de Lentulus e, valendo-se de técnica sutil, nada diz de concreto, adiando para o dia seguinte a revelação terrível, deixando sua vítima extremamente ansiosa.

No dia seguinte, dá-se o encontro entre Publius e Sulpicius. O lictor, depois de perguntar se o seu interlocutor possuía algum inimigo em Jerusalém e obter uma resposta negativa, conta uma história ardilosamente preparada, sobre um patrício romano que se fixou em Jerusalém com a sua esposa. Ora se deu que o governador da cidade apaixonou-se pela mulher do patrício e, quando

---

[45] Emmanuel. *Op. cit.* p. 108.

viu que seus esforços eram infrutíferos, ele raptou o filho do casal, mas não foi punido por causa de suas amizades poderosas em Roma.

A história era demasiadamente explícita para que Publius não a entendesse. A partir daí, o traidor começa a contar, a seu modo, tudo o que vira ou pensara ver nos supostos encontros entre Lívia e Pilatos. Publius ouvia essas coisas atônito. Não podia crer no que ouvia em razão da história das relações entre ele e a esposa. Ela fora sempre honrada, discreta, fiel, mãe de família exemplar e como, de uma hora para outra, se tornara pérfida e má, a ponto de ser a causa do rapto do próprio filho? A sua imaginação exaltada fazia associações erradas. Não havia sido ela que interferira na punição dos escravos como se a culpa pelo acontecido também não pertencesse a ela?

Recompondo-se, o senador agradeceu ao falso amigo, entretanto, desligou-o das funções que exercia em Cafarnaum, dizendo-lhe que, como homem de Estado, agradecia o seu interesse, contudo, como amigo, não seria mais possível depositar nele o mesmo grau de confiança. Inutilmente, Sulpicius ainda tentou se defender, porém, as suas palavras não foram bem recebidas pelo romano. Sem mais ter o que dizer, o caluniador partiu e Publius sozinho, em seu gabinete, ficou curtindo a sua dor. Como não conhecesse a bênção da prece que acalma e eleva a alma, ele abaixou a cabeça e chorou, chorou muito.

## VII

## O mundo que estava nas trevas viu uma grande luz

Passaram-se alguns dias sem que nada mudasse naquela casa, a não ser a relação entre o casal. A semente da dúvida crescera e se transformara em um arbusto espinhoso no coração do senador. Assim, no seu dia a dia, ele ficava muito tempo em silêncio e, quando falava, era por monossílabos. O pior para Lívia é que ela não sabia o motivo do comportamento de seu marido. Ela também sofria com a perda do filho, mas não se modificara daquele jeito. Com isso, a mulher ficava cada vez mais abatida, tentando adivinhar o porquê o marido se modificara a tal ponto. Muitas vezes ela tentou se aproximar dele, fazer-lhe carinhos, entretanto, ele evitava os gestos de afeto de Lívia. Passou também a não desejar a presença da esposa. Quase não a via, exceto no triclínio onde, feita a refeição, retirava-se sem maiores comentários ou explicações.

Em uma conversa com Ana, a serva sugere a ela que procurasse Jesus porque, nele, por certo, encontraria consolo aos seus sofrimentos e adiantou-se dizendo que conseguiria um encontro dela com o Nazareno em um lugar discreto. Lívia não discorda desse encontro, mas diz preferir ver Jesus publicamente, como faziam as outras mulheres. Há algum tempo estava interessada, em ver Jesus para agradecer a ele pela cura da filha. Ana fica preocupada e pergunta a ela se não estava considerando a reação de seu marido a este encontro. Ela responde que irá independente do que pense o marido. Nota-se, nesta passagem, que o espírito evoluído e manso sem ser covarde em nada teme quando sabe que está fazendo o que é certo.

As duas mulheres partiram e passaram primeiro na casa da família de Ana, o patriarca chamava-se Simeão[46] e já estava engajado no projeto de Jesus. É com Simeão e Ana que Lívia vai assistir a mais uma pregação de Jesus. Jesus chega no barco de Pedro ao lugar designado para a sua fala. Emmanuel, em rápida descrição do Mestre, volta a fazer nova referência a seus cabelos: *"Os cabelos como de costume caíam-lhe sobre os ombros, à moda dos nazarenos, esvoaçando, levemente, aos ósculos[47] cariciosos dos ventos brandos da tarde."*[48]

Emmanuel, então, coloca Lívia como uma das assistentes do Sermão do Monte, que se abre com as bem-aventuranças. Aqui há uma ligeira referência ao milagre da multiplicação dos pães. Emmanuel não diz que o material do milagre fora apenas sete pães e sete peixes secos, como se vê na versão evangélica, mas *dois grandes cestos de merenda frugal* e nem se demora no modo como a multiplicação foi feita, usando apenas a expressão: *"suave*

---

[46] Note o leitor a utilização dos nomes dos personagens: Simeão e Ana. Estes dois nomes parecem no Evangelho de Lucas (I:25-38) com os primeiros a reconhecerem o menino Jesus como o Messias encarnado ao passo que o nome Sêmele é o mesmo de um divindade pagã.
[47] Forma erudita da palavra beijo.
[48] Emmanuel. *Op. cit.* p. 124.

*milagre"*. Parece que o pedaço de pão que Lívia recebeu (e possivelmente as outras pessoas também) estivesse saturados de fluidos positivos, uma vez que ela se sente muito bem após ter comido aquele alimento.

De volta para sua casa, Lívia encontrou-se com a figura enérgica e autoritária de seu marido, que chamou a atenção dela por ter saído de casa e andado pelas ruas no meio da plebe rude e ignara sem levar em consideração a sua alta posição social. Já há algum tempo Lívia se tornara um personagem de contraste em relação ao marido, mas diferentemente de Flaminius Severus. O amigo romano de Publius defende a postura pragmática dos romanos ante a crença do amigo na reencarnação, enquanto, no caso de Lívia, ela sustenta os valores do evangelho contra o ceticismo de seu marido.

Este capítulo termina com um episódio muito interessante. Publius mergulha em seu insulamento enquanto Lívia vai para o seu quarto com o coração aflito. Então Jesus se comunica com ela em mensagem carinhosa. A fala de Jesus com Lívia pode ser feita por meio da projeção do corpo astral de Jesus até a casa de Lívia ou da projeção do simples pensamento do Mestre, pois sua plasticidade era incrivelmente grande. A mensagem é no sentido de que ela compreenda e aceite as agruras que virão:

> Filha, deixa que chorem os teus olhos as imperfeições da alma que o Nosso Pai destinou para gêmea da tua!... Não esperes deste mundo mais que lágrimas e padecimentos,

## Jesus e Emmanuel

porque é na dor que as almas se lucificam[49] para o céu... Um momento chegará em que te sentirás no acume das aflições, mas não divides da minha misericórdia no momento oportuno quando todos te desprezarem, eu te chamarei ao meu reino de divinas esperanças onde poderás aguardar teu esposo no curso incessante dos séculos.[50]

---

[49] Este é um verbo (lucificar) raro em nossa língua, talvez seja um neologismo de Emmanuel. O seu sentido pode significar que as dores são condições fundamentais, caminhos, para que se chegue ao céu. [N.E.: Para que o Espírito se ilumine.]
[50] Emmanuel. *Op. cit.* 130.

## VIII

## Almas gêmeas que se buscam

Vamos interromper a sequência de nosso estudo para trazer aqui um tema que aparece com alguma ênfase em *Há dois mil anos* e foi motivo de preocupação de alguns espíritas em virtude da incerteza sobre o fato de a tese das metades eternas poder ou não fazer parte da Doutrina dos Espíritos. Decidimos tomar como ponto de partida de nosso estudo, neste caso, um verbete do livro *O Espiritismo de A a Z*, "As Almas Gêmeas".

O primeiro ponto de estudo sobre as almas gêmeas está em uma nota da editora, inserida ao final do livro *O Consolador*, escrito por Emmanuel e psicografado por Francisco Cândido Xavier. A equipe responsável pela edição e divulgação da obra, preocupada com a fidelidade aos princípios codificados por Allan Kardec, propõe a Emmanuel, o autor da tese, um questionamento em que identificam a tese das almas gêmeas à teoria das metades eternas que é examinada em *O Livro dos Espíritos*, nas questões 298 a 303. A origem mais remota desta ideia se encontra em um mito contado pelo comediógrafo ateniense Aristófanes, no diálogo de Platão intitulado *O Banquete*.

Lembramos que, a propósito deste tema, os espíritos responsáveis pela Codificação não ratificam a teoria das metades eternas, considerando que não existe e não

## Jesus e Emmanuel

poderia existir uma união particular e fatal entre duas almas. Allan Kardec acrescenta um comentário ao final das perguntas, afirmando que a expressão *metades eternas* deve ser tomado como um tipo de linguagem figurada, uma metáfora que simboliza a união entre dois espíritos simpáticos e mais nada além disto.

Nesse ponto, é necessário concordar com o texto da referida nota de questionamento ao autor espiritual posta no final do livro *O Consolador*, mas existe também ali uma argumentação que merece análise mais detalhada. Argumenta-se que esta teoria ou hipótese das almas gêmeas afirma-se aqui algo obscura e da forma como é apresentada parece ilógica e contraditória. De fato, essa criação dúplice induz a concluir que as almas são criadas incompletas. É uma ilação incompatível com a onisciência de Deus. Acrescenta a nota que tal ideia é recusada por Kardec, que a afinidade espiritual deve ser extensiva a todas as criaturas e, ao final da argumentação, que, se a teoria não se aplica a Jesus, deixa de ter cunho universal e, por isso, seu equacionamento torna-se desnecessário.

A resposta de Emmanuel a este pergunta revela a envergadura desse espírito que vem orientando a mediunidade de Chico Xavier há tantos anos. Ele não se agasta com as observações críticas, reconhece a possibilidade de erro no trabalho a que se dedica, tanto que aponta um outro erro a ser corrigido em outro texto do mesmo livro, mas humildemente solicita a conservação da tese, asseverando que ela é mais complexa do que parece a princípio e que pode oferecer material valioso para estudos que interessam muito às criaturas na época em que vivemos. Em determinado ponto de sua resposta, ele diz: [...] Mesmo porque com a expressão *almas gêmeas* não desejamos dizer *metades eternas* [...] *Reformador* nº 320 – Juventude — Tempo de fazer escolhas. p. 158-160.[51]

Ao analisar a afirmativa de Emmanuel, de que com a expressão "almas gêmeas" não pretende dizer "metades eternas", precisamos partir da percepção de que as duas expressões são, na realidade, metáforas que representam a ligação entre homem e mulher por meio do amor. Não se pode deixar de perceber a diferença acentuada entre uma e outra. O numeral metade sugere algo incompleto que só se torna um inteiro se reunido a outra parte igual. Então, a teoria das metades eternas não dá conta de explicar a questão da aproximação das almas e da sua união pelo amor, razão por que os Espíritos a rejeitaram e o Codificador apenas a admite como uma figura de linguagem que pode simbolizar a afinidade entre dois espíritos: são tão afins que dá a impressão de que um completa o outro, formando uma só individualidade. Mas não se pode ir além disto sem se pretender que Deus tenha criado os seres pela metade.

Já o adjetivo gêmea, traduz semelhança, identidade e simboliza mais apropriadamente a ideia de união de dois seres pela simpatia e pela afinidade. Os dois seres são individualidades completas, mas só se assemelham, e, por isso, se identificam e sentem-se atraídos uns pelos outros.

---

[51] *O Espiritismo de A a Z*. FEB, p. 54.

## Jesus e Emmanuel

Essa é a ideia que se depreende da tese de Emmanuel e não há nela nenhuma contradição com a ideia expressa pelos espíritos reveladores. Ao contrário, esta ideia está implícita na resposta 301, de *O Livro dos Espíritos*, em que os espíritos assim se expressam: *"A simpatia que atrai um espírito para outro resulta da perfeita concordância de seus pendores e instintos."* Precisamos lembrar aqui que, além dessa simpatia pela identidade de nível evolutivo, há afeições particulares entre os espíritos, como está explícito na questão 291, de *O Livro dos Espíritos*. O afeto mencionado na tese das almas gêmeas é um sentimento desse tipo.[52]

---

[52] *Reformador*, nº 320. Juventude — Tempo de fazer escolhas. p. 161-162.

## IX
# O grande sacrifício

Vamos abrir o estudo deste capítulo com algumas considerações sobre a palavra calvário. Esta palavra designava um lugar, fora dos muros de Jerusalém, onde Jesus Cristo foi crucificado e em suas cercanias foi sepultado. O nome deriva do latim *calvária* ou *calvarium* que significa "caveira" e corresponde ao aramaico *gólgota*. São Jerônimo acreditava que este nome era devido ao fato de ali haver vários esqueletos insepultos que ficavam a descoberto, outros acreditavam que o motivo de tal nome era porque aquele era um lugar de execuções. Uma terceira explicação é aquela que diz ser o nome derivado da semelhança que a rocha possuía com um crânio humano. Vamos retomar, porém, a nossa análise.

O tempo passou e a relação entre Publius e sua esposa continuava deteriorada em função da atitude dele em cultivar a flor da dúvida que nascera em sua alma e ficava cada vez mais viçosa. Um dia, aconteceu algo inesperado para Lívia, Ana veio até ela para dizer que Jesus havia sido preso no Getsêmani pelos homens do Templo e teria sido levado a Pilatos. Em outros tempos, ela pediria ao marido para interceder por Jesus ante o governador, todavia, as coisas haviam mudado bastante. Mesmo assim, decidiu falar com o marido sobre a prisão de Jesus, contudo, ao se dirigir a ele, viu Sulpicius que viera avisá-lo de que Pilatos desejava ter uma conversa com ele e, sem hesitar, Publius seguiu com lictor. É estranho que as relações entre Pilatos e Lentulus não houvessem ficado estremecidas e que o senador não pedisse a ele explicações sobre as denúncias que lhe foram feitas. Ele não faz isso e limita-se apenas a punir a esposa e não o seu sedutor

Na casa de Pilatos, Publius é levado a um cômodo, onde estabelece uma conversação com o dono da casa. Fica sabendo, então, que Jesus havia sido preso e que os judeus estavam interessados em sua condenação à morte. Pilatos, entretanto, que não via culpa naquele homem que, para ele, nada mais era do que um ardente visionário, não estava disposto fazer a vontade dos judeus. Pilatos faz referência a um sonho que Claudia, sua esposa, tivera onde uma voz recomendava a ela que pedisse ao esposo para não condenar o Galileu. Publius diz que conhecera aquele homem na cidade de Cafarnaum onde pessoa alguma o tinha em conta de revolucionário ou de rebelde. Nos Evangelhos diz-se que Pilatos resolveu de moto próprio enviar o prisioneiro a Herodes para que ele o julgasse uma vez que o acusado era galileu. Os historiadores acham que esta atitude de Pilatos se deveu ao desejo dele de se reconciliar com Herodes, pois ambos estavam agastados. Na versão de Emmanuel, quem sugeriu a Pilatos que enviasse Jesus a Herodes teria sido Publius Lentulus.

Não se sabe o porquê de Publius ter dado aquela sugestão a Pilatos, entretanto, é provável que tenha sido uma tentativa de salvar Jesus, uma vez que (na opinião do romano) Jesus teria mais chance de ser absolvido com Herodes do que com Pilatos. Se esta foi a verdade, o plano não deu certo, porque Herodes humilhou Jesus, vestiu-o com um manto branco, colocou uma cana, entre seus braços, simulacro de um símbolo de realeza e o devolveu a Pilatos.[53]

O Pilatos de Emmanuel é um personagem muito interessante, que se aproxima bastante do Pilatos dos Evangelhos, mas não se assemelha ao Pilatos de Flavius Josephus ou dos judeus samaritanos de Alexandria. O Pilatos de Emmanuel critica Herodes por ter tratado Jesus com sarcasmo (p. 140); acredita que Jesus é um justo (p. 140). Sente-se pressionado pelos judeus (p. 140); considera Jesus um homem extraordinário (p. 141); deseja salvar Jesus da morte (p. 141); não é ideia sua açoitar Jesus, mas de um funcionário chamado Polibius (p. 141); e é Lentulus quem sugere a Pilatos que apresente Barrabás ou qualquer outro prisioneiro para salvar Jesus (p. 143); a pressão popular aumenta (p. 145). Sem ter saída, Pilatos lava as mãos do crime contra Jesus (p. 145). Jesus é por fim condenado à cruz e leva a furca (parte superior da cruz) da Fortaleza Antônia até o cimo do Gólgota, onde os romanos o crucificam.

---

[53] Foi desta passagem que surgiu a expressão *ir* de Herodes a Pilatos.

## X
## Palavras que matam

Enquanto Jesus era julgado, condenado e levado ao Gólgota, Ana e Simeão vão a casa de Lívia pedir a ela que interferisse para salvar Jesus. Ela, tomando uma decisão extrema e perigosa, decide ir à casa de Pilatos, a única autoridade que poderia salvar o seu Mestre. Sem pesar bem as consequências de seu ato, Lívia, em companhia de Ana, vestida como uma mulher do povo, segue para a casa do governador. Enquanto caminhava, pensava que nada dissera ao marido sobre a sua decisão, contudo, não o fizera porque não conseguira encontrá-lo. Parou em uma esquina com Ana e Simeão e disse a eles que deviam esperá-la ali enquanto ela entrava na casa. Seu coração batia descompassadamente.

Não sabia como se avistar com Pilatos, mas ia tentar. Foi então que viu na porta da casa a figura esquiva e maligna de Sulpicius Tarquinius. Ingenuamente, com a confiança dos puros, ela pediu a ele que conseguisse uma entrevista com o governador para que ela lhe falasse sobre Jesus Cristo. É claro que, para ele, o caso Jesus Cristo era mero pretexto usado pela mulher de Publius para ter um encontro secreto com Pilatos. Ele sorriu satisfeito, lembrando-se de que o marido dela ainda se encontrava naquela casa. Sem tardança, levou Lívia ao cômodo onde

Pilatos costumava receber mulheres de vida duvidosa para os seus prazeres libidinosos. No caminho, sem que ela soubesse, havia sido observada pelos olhos perversos de Fulvia Procula.

Assim que Pilatos entrou no cômodo, Lívia não perdeu tempo e disse a ele claramente a razão de sua visita. Pilatos, entretanto, a desiludiu ao dizer que tudo estava acabado: Jesus fora condenado à crucificação, embora ele tudo fizesse para impedir a morte daquele que ele considerava como um homem justo. Nada mais poderia ser feito por ele. Lívia fica calada por algum tempo e Pilatos se aproveita disto para falar a ela de sua paixão, chegando mesmo a tentar tomá-la à força, mas Lívia consegue se livrar dele e chamá-lo à ordem. Pilatos se afasta, repelido e Lívia se distancia daquele lugar.

Um pouco antes desses acontecimentos, Fulvia correu até onde estava o senador Lentulus e, encontrando-o, revelou-lhe que sua esposa estava naquela casa em contato íntimo com o governador. Lentulus não quis acreditar e ela se propõe e levá-lo até ao aposento onde Pilatos recebia as suas amantes para que ele visse com os próprios olhos que ela não mentia. O senador não aceita o convite, pois considerava profunda descortesia invadir a intimidade da casa do homem que o hospedava. A mulher não desiste e pede ao romano que venha até a janela. Ele vai a tempo de ver Lívia deixando os aposentos de Pilatos. Com um texto muito bem escrito, Emmanuel descreve o sentimento de Publius Lentulus naquele momento:

## Palavras que matam

Publius Lentulus sentiu a alma dilacerada para sempre. Considerou, num relance, que havia perdido todos os patrimônios de nobreza social e política de envolta com as aspirações mais sagradas de seu coração. Diante da atitude de sua mulher, considerada por ele mesmo como indelével ignomínia, que lhe infamava o nome para sempre, supôs-se o mais desventurado dos homens. Todos os seus sonhos estavam agora mortos, terrivelmente, todas as esperanças. Para o homem, a mulher escolhida representa a base sagrada de todas as realizações da sua personalidade nos embates da vida, e ele experimentou que esta base lhe fugia, desequilibrando-lhe o cérebro e o coração.[54]

Publius pensou que a sua vida valia a pena ser vivida apenas por causa de seus dois filhinhos e nada mais. Pretextando estar passando mal, o senador deixou a casa de Pilatos, despedindo-se, às pressas, dos companheiros de reunião.

De volta ao local onde deixara Simeão e Ana, Lívia deu a triste notícia de que nada podia ser feito em favor de Jesus. Simeão sugere que fossem para o Gólgota assistir aos últimos momentos do Mestre, entretanto, Lívia achou que o melhor a fazer era voltar para casa, de onde se afastara por algum tempo. Ao chegara ao lar, cuidou de realizar os trabalhos cotidianos. Ouviu o barulho do marido que chegara e fora direto para o seu gabinete. Muito triste com a morte de Jesus, ela fica na janela de um ângulo que podia ver ao longe o topo do Calvário

---
[54] Emmanuel. *Op. cit.* p. 157.

onde já estavam postas as três cruzes. Nesse momento, em estado de êxtase ela tem uma visão muito semelhante a de Jacó, que se encontra no livro Gênesis (XXVII:10-12). Nesta passagem, Jacó vê uma escada que unia a terra ao céu e por ela desciam os anjos do Senhor. Em sua visão, Lívia vê um caminho que une o céu ao Gólgota, por onde desciam legiões de seres alados (anjos) que se agrupavam em torno da cruz. Frente a esta imagem ela tem um desdobramento e vai até ao cume do Calvário, a fim de prestar a Jesus o último preito de seu devotamento. Jesus, então, diz a ela: *"Filha, aguarda as claridades eternas do meu reino, porque, na Terra é assim que todos nós devemos morrer."*

Há, agora, uma longa e dura conversa entre Lívia e seu marido. Ele está cego de ódio e diz claramente que ela merece a morte, a punição da lei romana com respeito à mulher adúltera. Ele é o *Pater familias* e tem o direito de vida e de morte sobre a esposas, os filhos e os escravos. Ele, contudo, decide não matá-la, mas propõe-lhe absoluta separação de corpos. Com isso, ela perde todas as prerrogativas de esposa e inclusive o direito de interferir na educação da filha.

> De ora em diante, a senhora será, nesta casa, apenas uma serva, considerando a função maternal que hoje a exime da morte, mas não intervenha. Na solução de qualquer problema educativo de minha filha saberei conduzi-la sem o seu concurso e buscarei o filhinho perdido talvez por sua inconsciência criminosa, até o fim de meus dias. Concentrei nos filhos a parcela imensa do amor que lhe reservara, dentro

> da generosidade de minha confiança, porquanto, doravante, não me deve procurar com a intimidade da esposa, que não soube ser, pela sua injustificável deslealdade, mas com o respeito que uma escrava deve aos seus senhores![55]

Eram palavras demasiadamente duras e injustas e Lívia, conhecendo muito bem o temperamento do marido, sabia da inutilidade de tentar se desculpar. Em seu desespero, ela chegou a pensar que as boas ações não seriam vistas pelo Pai do céu de quem Jesus falava. Em verdade, fora até Pilatos para pedir por Jesus. Este era um motivo nobre. Onde estava a Providência divina para restabelecer a verdade e a justiça? Com os olhos imersos em lágrimas, viu-se, em pensamento, de novo, aos pés da cruz do Cristo.

Então ouviu uma voz que lhe falava no mais íntimo de sua alma, a qual lembrava a ela que Jesus também, naquele mesmo dia, entre dores acerbas, expirara inocente. Ele era justo, bom e compassivo e, no entanto, torturado e humilhado, fora pregado cruelmente no madeiro infame. Ele, que fora todo amor, no fim da vida terrena, havia sido abandonado pelos seus amigos mais próximos, traído por um e negado por outro. Ante essas palavras de sabedoria, Lívia se acalmou, fortificou sua fé, condição necessária para vencer as provações dessa vida. Por fim, ouviu do marido palavras ainda mais duras e ofensivas e a sua frase final fora definitiva:

---

[55] Emmanuel. *Op. cit.* p. 188.

> Lívia, este momento doloroso assinala a perpétua separação dos nossos destinos. Não ouse transpor a fronteira que nos isola um do outro, para sempre, no mesmo lar e dentro da mesma vida, porque um gesto desses pode significar a sua inapelável sentença de morte.[56]

Tudo estava acabado ou pelo menos era isso que Publius pensava com aquelas palavras que eram verdadeiras punhaladas no coração de Lívia que, abatida e vergada pela dor mais lancinante, chorou amargamente.

---

[56] Emmanuel. *Op. cit.* p. 168.

## XI
# O servidor do Cristo

No dia seguinte aos fatos que acabamos de narrar no capítulo anterior, Publius Lentulus decidiu oferecer uma considerável soma em dinheiro, isto é, dois mil e quinhentos asses, para quem apresentasse a seus servos a criança raptada. Esta quantia que corresponde a mil sestércios era uma pequena fortuna. Com ela, o senador expressava o seu desejo de ter o seu menino de volta, custasse o que custasse.

Aqui, o foco da narrativa é deslocado para uma conversa entre André de Gioras e sua cúmplice, Sêmele. Então, fica-se sabendo que Sêmele era noiva de um certo Benjamim, homem pobre que não se casara com ela em função da falta de recursos. Gioras imagina que a quantia generosa oferecida pelo senador bem poderia seduzir a moça a ponto de que ela revelasse o segredo deles para poder se casar com o homem que ela amava. Foi pensando nisso que Gioras matou Sêmele, servindo-lhe vinho envenenado, impedindo que ela revelasse o segredo que passou a ser conhecido apenas dele. Assim, fechou-se mais uma porta para que o mistério do rapto fosse solucionado.

A vida em Cafarnaum corria sem grandes novidades para o casal Lentulus. Enquanto curtia a sua dor, Lentulus manteve uma correspondência constante com seu amigo

## Jesus e Emmanuel

Flaminius, pedindo a ele que conseguisse um bom professor em Roma para a sua filha, mas sem entrar em detalhes no caso de suas relações com Lívia. Prometeu ao amigo envolver-se mais nas questões políticas da região, a fim de conhecer melhor os desmandos de Pilatos com a finalidade de informar Roma sobre este estado de coisas e, assim, o Imperador pudesse transferir o governador de Jerusalém para outra província mais distante.

Em seguida Emmanuel faz uma referência inovadora com relação à tradição da Igreja primitiva. Vejamos:

> Em Cafarnaum, os seguidores do Mestre de Nazaré organizaram imediatamente uma grande comunidade de crentes no Messias, tornando-se muitos em apóstolos abnegados de sua doutrina de renúncia, sacrifício e redenção. Alguns pregavam como Ele na praça pública, enquanto outros curavam enfermos em seu nome. Criaturas rústicas haviam sido tomadas, estranhamente, do mais alto sopro de inteligência e inspiração celeste, porque ensinavam com maior clareza as tradições de Jesus, organizando-se com a palavra desses apóstolos os pródromos[57] do Evangelho escrito que ficaria, mais tarde, no mundo, como mensagem do Salvador da Terra a todas as raças, povos e nações do planeta, qual luminoso roteiro das almas para o Céu.[58]

O inusitado desta passagem é o fato de que o *Livro de Atos*, que contra a história dos primeiros cristãs, não

---
[57] O que vai ou ocorre adiante. Precursor.
[58] Emmanuel. *Op. cit.* p. 175.

## O servidor do Cristo

faz referência a esta comunidade de Cafarnaum que pode ter sido contemporânea ou mesmo anterior à Igreja de Jerusalém, a única que o livro de Atos cita. Texto como este nos mostra a credibilidade da mediunidade de Francisco Cândido Xavier. Ora, Chico sabia da versão oficial, mas mesmo assim mantém a de Emmanuel, até mesmo como uma forma de corrigir injustiças e buscar a verdade.

Na arte de narrar, existe uma técnica chamada afastamento, que serve para aumentar a tensão e instaurar o conflito. Emmanuel vai usá-la muito bem, fazendo com que Publius Lentulus se afaste de sua casa, deixando Lívia sozinha tomando conta de sua filha. Este afastamento vai gerar um conflito: Pilatos, avisado por Tarquinius de que Lívia estará desprotegida em sua casa em Cafarnaum, fará uma visita àquela cidade com o objetivo de, mais uma vez, tentar contra a honra da mulher de Lentulus. Ao mesmo tempo, Tarquinius se confessa apaixonado por Ana, serva da casa dos Lentulus que nós já conhecemos muito bem.

Em sua longa viagem, Publius Lentulus passaria primeiro por Tiberíades, a cidade que Herodes recuperara, dando-lhe o nome de Tibério, o seu protetor. Nesta cidade, estava o lictor Sulpicius Tarquinius em missão junto de Herodes Antipas, que viu chegar o senador sem a esposa. Frente a este fato, entusiasmado, ele voltou a Jerusalém para contar a Pilatos a novidade. Sulpicius sugere que Pilatos aproveite aquela bela oportunidade para fazer uma visita a Lívia em Cafarnaum. Pilatos aceitou de bom grado a sugestão e disse ao lictor que fosse a Cafarnaum e avisasse a Cusa,[59] o superintendente de Herodes, que o governador desejava visitar aquela cidade e, depois, discretamente fosse à casa de Lentulus e avisasse à esposa deste que ele pretendia vê-la assim que estivesse na cidade.

Nesta situação, Ana, que também sentia-se ameaçada pelos olhares ardentes e impudicos do lictor, sugeriu à sua senhora que não esperassem a chegada de Pilatos e buscassem refúgio em outro sítio. O lugar indicado por Ana foi a Samaria, onde ficava a casa de Simeão, um cristão da primeira hora. Lívia achou sensata aquela ideia e o mais rápido que puderam partiram para a Samaria, onde foram recebidas com grande alegria na casa de Simeão.

Naquela casa humilde, mas honesta e digna, Simeão costumava reunir seus vizinhos e falar para eles sobres as lições que ouvira de Jesus. Ali, sob a sombra frondosa das oliveiras, o velho Simeão com a alma cheia do amor cristão, dizia palavras de vida eterna, palavras que Jesus proferira em suas pregações, a que o bom velho assistira com toda a atenção. No meio daquela gente simples, Lívia sentia-se tranquila nos cinco dias que passou entre os samaritanos.

Emmanuel faz uma nova revelação, diz ele que o velho Simeão costumava escrever com paciência tudo o que sabia de Jesus, ou que dele ouvira, para nas suas reuniões humildes não faltar um ensinamento, uma frase ou uma

---

[59] Este Cusa deve ser o mesmo que a mulher, chamada Joana, era seguidora de Jesus.

## O servidor do Cristo

palavra que lhe escapasse à memória. Assim, Emmanuel nos revela que, mesmo antes dos evangelhos canônicos, muitas pessoas ligadas ao movimento recém-nascido escreveram as suas memórias e experiências com Jesus. Muitos desses textos tempos depois serão considerados apócrifos pela Igreja Católica. Vamos, para conhecimento do leitor, citar o Evangelho de Simeão, acerca dos últimos momentos de Jesus Cristo:

> Dos seus habituais seguidores, poucos estavam presentes na hora dolorosa, certamente porque nós, nós, os que tanto o amávamos, não podíamos externar nossos sentimentos diante da turba enfurecida, sem graves riscos para a nossa segurança pessoal. Não obstante, desejávamos todos experimentar os mesmos padecimentos!...
>
> Jesus tinha o olhar fixo no céu, como se já houvesse gozado a contemplação das beatitudes celestes, no reino de nosso Pai, vi que o Mestre perdoava, caridosamente, todas as injúrias! Apenas um de seus discípulos mais queridos se conservava ao pé da cruz, amparando sua mãe no angustioso transe.[60]
>
> De vez em quando, um outro mais atrevido dentre os seus verdugos aproximava-se do corpo chagado no martírio, dilacerando-lhe o peito com a ponta da lança impiedosa. [...] Notei em dado instante que Jesus desviara do firmamento os olhos calmos e lúcidos, contemplando a multidão amotinada em criminosa fúria!... Alguns soldados ébrios açoitaram-no, mais uma vez, sem que de seu peito opresso, na angústia da agonia, escapasse um único gemido!... Seus olhos suaves e

---
[60] Trata-se de João Evangelista.

misericordiosos se espraiaram, então, do monte do sacrifício para o casario da cidade maldita![61] Quando o vi olhando, ansiosamente, com a ternura carinhosa de um pai, para quantos o insultavam no suplício extremo da morte, chorei de vergonha pelas nossas impiedades e fraquezas!...

A massa movimentava-se, então, em altercações numerosas... Gritos ensurdecedores e impropérios revoltantes o cercavam na cruz onde se lhe notavam o copioso suor do instante supremo!... Mas o Messias, como se visualizasse profundamente os segredos dos destinos humanos lendo no livro do futuro, fitou de novo as Alturas, exclamando com infinita bondade: "— Perdoai-os, meu pai, porque não sabem o que fazem."[62]

Simeão calou-se como se aquelas recordações houvessem doído muito em sua alma. O samaritano tem uma espécie de intuição sobre o que lhe vai acontecer em pouco dias. Diz ele: "Vejo com a minha vista espiritual que a nossa cruz está hoje iluminada, anunciando talvez o glorioso minuto de nosso sacrifício." Uma voz misteriosa fala-lhe no íntimo, pedindo que ensine a seu pequeno rebanho a renúncia e a humildade e dá ao teu rebanho exemplo do teu sacrifício. A voz faz então uma recomendação muito importante para os fatos que virão:

> Ora, vigia, porque não está longe o instante ditoso de tua entrada no Reino, mas preserva as ovelhas do teu aprisco das arremetidas dos lobos famulentos da impiedade soltos na

---

[61] Antonomásia usada por Emmanuel com respeito a Jerusalém.
[62] Emmanuel. *Op. cit.* p. 148.

## O servidor do Cristo

Terra ao logo de todos os caminhos, consciente, porém, de que, se a cada um se dará segundo as suas obras, os maus terão, igualmente, seu dia de lição e castigo, de conformidade com os próprios erros.[63]

Depois disto, o discípulo de Jesus, alçando as mãos emagrecidas e longas ao firmamento, faz uma sentida prece por meio da qual pede a Jesus perdão por nossas fragilidades, por nossos sentimentos precários e miseráveis. Implora por fim que, na hora do sacrifício, ele esteja pronto para escrever na própria carne e com as tintas da dor o seu pacto com o Cristo.

Enquanto essas coisas acontecem nas terras da Samaria, Pilatos, chegando a Cafarnaum, fica sabendo que a presa lhe havia escapado. Embora frustrado, no fundo, sente uma profunda admiração por aquela mulher que se recusava a ser conquistada por ele, Poncius Pilatos, muito acostumado com as conquistas fáceis das mulheres fúteis, que encontrara ao longo sua vida de conquistador, pela primeira vez estava frente a uma verdadeira matrona romana e isto lhe causara grande impressão.

Em sua conversa com Pilatos, Tarquinius, tentando influenciar o seu senhor, diz a ele que, se lhe desse alguns homens experientes, poderia ir à Samaria e reverteria a situação. Pilatos revela ao lictor que não mais se interessa pela conquista de Lívia, contudo Tarquinius fizesse o que melhor lhe aprouvesse. O lictor diz que estava apaixonado

---

[63] Emmanuel. *Op. cit.* p. 150.

pela criada de Lívia e que por isso gostaria de ir à terra dos samaritanos. Pilatos concorda com o pedido do amigo.

Decidido, Tarquinius reúne alguns soldados de sua extrema confiança e parte para os lados do monte Garazim. Enquanto isso, os bons espíritos, valendo-se da sensibilidade mediúnica do velho Simeão, adverte-o do perigo iminente. Assim, o servidor do Cristo leva Lívia e Ana para um refúgio subterrâneo cuja existência só ele e seus filhos conheciam.

Depois que as duas mulheres foram ocultas dos olhos perversos de seus perseguidores, Tarquinius e seus homens chegaram à casa de Simeão e perguntaram pelas duas mulheres. O velho samaritano nada disse. A gente, às vezes, aprende que o cristão deve ser manso, responder à ofensa com o perdão e o ódio com o amor, porém, isso não faz do verdadeiro cristão um homem covarde, acomodado, que vive sob o império do medo. Ao contrário, o cristão é forte e corajoso. É isso que Simeão demonstra ante a empáfia de Sulpicius Tarquinius.

> — Lictor — revidou Simeão com grande serenidade —, se podeis enganar os homens, não enganais a Deus com vossos sentimentos inconfessáveis e impuros. Sei dos propósitos que vos trazem a estes sítios e lamento a vossa impulsividade criminosa... Vossa consciência está obscurecida por pensamentos delituosos e impuros, mas todo momento é um ensejo de redenção, que Deus nos concede na sua infinita bondade... Voltai atrás da insídia que vos trouxe e ide noutros caminhos, porque, assim como o homem deve salvar-se pelo

bem que pratica, pode também morrer pelo fogo devastador das paixões que o arrastam aos crimes mais hediondos.

— Velho infame... — exclamou Sulpicius Tarquinius, rubro de cólera, enquanto os soldados observavam admirados a serena coragem do valoroso ancião da Samaria. — Bem me disseram teus vizinhos, ao me informaram a teu respeito, que és o maior feiticeiros destas paragens!... Adivinho maldito, como ousas afrontar os mandatários do Império, quando te posso pulverizar com uma simples palavra? Com que direito escarneces do poder?

— Com o direito das verdades de Deus, que nos mandam amar o próximo como a nós mesmos... Se sois prepostos de um Império que outra lei não possui além da violência impiedosa na execução de todos os crimes, sinto que estou subordinado a um poder mais soberano do que o vosso, cheio de misericórdia e bondade! Esse poder e esse Império são de Deus, cuja justiça misericordiosa está acima dos homens e das nações.[64]

Por esta resposta, Tarquinius fica sabendo da inutilidade de interrogar aquele homem. Então, enfurecido, submete o pobre velho às mais cruéis torturas e ele morreu, heroicamente, sem dizer uma única palavra sobre o paradeiro de Lívia e de Ana. Durante as torturas, o corpo de Simeão foi preso a uma grande e pesada cruz de madeira. Para o romano era um deboche, uma galhofa, mas para o samaritano era uma honra ter a mesma morte

---

[64] Emmanuel. *Op. cit.* p. 15.

## Jesus e Emmanuel

de seu Mestre. Nesse momento, Emmanuel escreve um texto realista, tão bem feito, que nada deve à tradição do realismo literário do grego Homero ao francês Émile Zola. Vamos ter o prazer de conhecer este texto:

> Amarrado ao madeiro, o cadáver do velho Simeão golfava sangue pela enorme ferida aberta no coração. A fronte pendida para sempre, como se clamasse o repouso da terra generosa, suas barbas veneráveis se tingiam de rubro aos salpicos de sangue das vergastadas, porque Sulpicius, embora soubesse que o golpe de espada era o detalhe final dos monstruoso drama, continuava a açoitar o cadáver colado à cruz infamante do martírio.
>
> Dir-se-ia que as forças desencadeadas da treva se haviam apoderado completamente dos espírito do lictor, que, tomado de fúria epilética, intraduzível, vergastava o cadáver sem piedade, numa torrente de impropérios, para impressionar a massa popular que o observava estarrecida de assombro.
>
> — Vede! — gritava ele furiosamente —, vede como devem morrer os samaritanos velhacos e os feiticeiros assassinos!... Velho miserável!... Leva para o inferno mais esta lembrança!... — e o açoite caía impiedoso sobre os despojos destroçados da vítima, reduzido agora numa pasta sangrenta.
>
> Nisso, fosse pela pouca profundidade da base da cruz que se abalara nos movimentos reiterados e violentos do suplício ou pela punição das forças poderosas do mundo invisível, viu-se que o enorme madeiro tombava ao solo na vertigem de um relâmpago. Debalde tentou o lictor eximir-se à morte horrível, examinando a situação por um milésimo de

## O servidor do Cristo

minuto, porque o tope da cruz lhe bateu na cabeça de um só golpe, inutilizando-lhe o primeiro gesto de fuga. Atirado ao chão com uma rapidez espantosa, Sulpicius Tarquinius não teve tempo de dar um gemido. Pela base do crânio esmigalhado, escorria a massa encefálica misturada com sangue.

Num átimo. Todos acorreram ao corpo abatido do lobo, trucidado depois do sacrifício da ovelha. Um dos soldados examinou detidamente o peito, onde o coração ainda pulsava nas derradeiras expressões do automatismo. A boca do verdugo estava aberta, não mais para a gritaria blasfematória, mas da garganta avermelhada descia uma espumarada de saliva e sangue, figurando a baba repelente e ignominiosa de um monstro. Seus olhos estavam desmesuradamente abertos, como se fitasse, eternamente, nos espasmos de terror, uma interminável falange de fantasmas tenebrosos.[65]

O leitor muito atento deve ter percebido neste texto uma frase interessante: *Nisso, porém, fosse pela pouca profundidade da base da cruz que se abalara nos movimentos reiterados e violentos do suplício ou **pela punição das forças poderosas do mundo invisível...***

*São, então, colocadas duas causas hipotéticas para a morte do romano.* A primeira hipótese é bastante válida, mas a segunda deve ser discutida. O texto deixa claro que forças invisíveis teriam provocado a queda da cruz sobre o romano e, nesse caso, ele teria sido morto por estas forças, sendo, portanto, um caso de execução de um criminoso.

---

[65] Emmanuel. *Op. cit.* pp. 205-206.

Teriam os bons espíritos o direito de matar uma pessoa deste modo ou permitir que maus espíritos realizassem a execução? Sem dúvida a morte de Tarquinius foi uma necessidade do enredo e o modo sangrento como se aconteceu satisfaz plenamente a necessidade de justiça do leitor. O que se discute é a causa da morte. Confesso que a segunda hipóteses nos parece difícil de compreender, contudo, como conhecemos muito pouco da vida espiritual, preferimos fazer uma suspensão do juízo neste caso e não emitir qualquer opinião.

Voltemos, porém, ao estudo do romance. A morte horrível de Sulpicius Tarquinius causou um misto de espanto e terror aos soldados, homens simples e supersticiosos. Foi neste momento que apareceu Lívia que, em seu esconderijo, havia pressentido o que acontecia do lado de fora e se entregara, juntamente com Ana, a uma fervorosa prece. Então, elas ouviram vozes que pareciam discutir. Esperaram um pouco mais e quando as vozes aumentaram de intensidade, avançaram um pouco mais e viram a cruz no chão com dois cadáveres junto dela: o de Simeão e o de Tarquinius. Os soldados estavam confusos sem saber o que fazer. Aproveitando-se da forte impressão que a sua figura altiva de patrícia romana causara na soldadesca, Lívia tomou as rédeas da situação, ordenando que os corpos fossem retirados dali, principalmente o de Tarquinius, para que lhes fossem dado um destino conveniente.

Quando Poncius Pilatos soube da morte trágica do seu lugar-tenente ficou enfurecido. Crendo que a morte de Tarquinius havia sido um assassinato, tomou medidas severas, humilhantes e sangrentas contra os samaritanos. Crimes cruéis foram perpetrados contra a população da Samaria e o sangue correu pelas ruas de Sichar e Sebastes. Pilatos jamais foi contido na expressão de suas emoções, notadamente, de seu ódio e, de fato, a morte de Tarquinius havia mexido com ele e não pouco.

A esta altura da narrativa, Publius Lentulus havia voltado para sua casa em Cafarnaum, onde já se encontrava Lívia, que fez para ele um relato circunstanciado das coisas que haviam acontecido durante a sua ausência. Ao fim do relato, a indignação do senador contra Pilatos não tinha limites. A verdade dos fatos, contudo, não foi o suficiente para quebrar o orgulho de Lentulus e fazê-lo perdoar a esposa. Uma coisa, porém, tomara conta da alma de Lentulus, ele faria com que Pilatos pagasse caro todos os seus desmandos no posto de governador de Jerusalém.

Com grande pressa, mas com muita cautela e segurança, o senador foi reunindo dados para montar um libelo acusatório contra o governador que daria origem a um processo cujo foro seria em Roma. Este dossiê foi entregue ao Imperador no ano 35 de nossa era. Aceita a acusação, Pilatos foi chamado a Roma para se defender. No ano 37 morre Tibério, mas Pilatos foi julgado pelo Senado, que o condenou ao exílio em Viena, nas Gálias, onde suicidou-se roído de culpa e remorsos.

Como o leitor atento pode perceber mais uma vez, Emmanuel discorda da história oficial, atribuindo a queda de Pilatos, não a uma revolta dos samaritanos por causa dos jarros de ouro supostamente enterrados por Moisés no monte Garazim, mas à influência de Publius Lentulus em Roma. A coincidência é quanto ao suicídio como causa de morte de Pilatos.

# SEGUNDA PARTE

## XII

## Flaminius volta ao plano espiritual

Estamos no ano 46 e o Imperador de Roma era Cláudio, sucessor de Calígula. Na cidade pesqueira de Cafarnaum, os personagens desta história estavam vivendo em relativa paz, inclusive Lentulus, apesar de não haver se livrado da dor da perda de seu filho, ferida que não cicatrizara ainda, embora já se houvesse passado dez longos anos. Teria o menino morrido? Se vivo fosse estaria entrando na adolescência, refletia o orgulhoso patrício.

Então, Emmanuel começa a encerrar a participação de alguns personagens no relato, cada um deixava esta vida de um modo correspondente ao que havia vivido: a traidora Sêmele, morre envenenada por André de Gioras; o sanguinário Tarquinius sofre morte violenta, já que a sua vida havia sido marcada pela violência e Poncius Pilatos, hipócrita, covarde e cruel, deixa a vida pela porta escusa do suicídio. Nesse capítulo vamos ver como foi a morte de Flaminius Severus, o grande amigo de Publius Lentulus.

O senador envelhecera e com o tempo acentuara-se o seu orgulho, pois, embora já admitisse em seu íntimo que a esposa não cometera o menor ato desonroso, continuava negando a ela o perdão. Ocupava-se da educação da filha, que ele pretendia fosse digna de uma patrícia romana bem-dotada. Repare o leitor como o orgulho é um dos nossos maiores inimigos e aparece sob disfarces variados, como o sentimento de honra ou a ideia de classe, dois elementos que alimentam o comportamento desviante de Publius Lentulus. É o orgulho que gera frases infelizes como: *eu não mudo; vai ter de me engolir; eu sou assim; assim mesmo é que eu sou; eu tenho personalidade*, entre outras semelhantes.

Lívia, por seu turno, continuava firme em seu projeto cristão. Entregue aos afazeres domésticos, com a dignidade de sempre. Sofria e não pouco com a calúnia que fora levantada contra ela, gerando a separação do marido, porém, o que mais lhe doía era a proibição de não interferir na educação de sua filha. Grande espírito, porém, em vez de ficar desanimado, irritadiço e aborrecido, agasalhando sentimentos de revanche, escudara-se na fé no Evangelho de Jesus e era exatamente este sentimento sublime que alimentava a esposa do senador.

Emmanuel decide responder a uma pergunta que o leitor poderia fazer: como estaria a menina Flavia que Jesus curara? Ele responde esta pergunta do seguinte modo:

> No esplendor de seus vinte e dois anos, ostentava o fruto da educação que o pai lhe dera, com a forte expressão pessoal de seu caráter e da sua formação espiritual. A filha do senador era Lívia, na encantadora graça dos seus dotes físicos, e era Publius Lentulus, pelo coração. Educada por professores eminentes, que se sucediam ao curso dos anos, sob a

## Flaminius volta ao plano espiritual

escolha dos Severus,[66] que jamais se descuidaram dos amigos distantes, sabia o idioma pátrio a fundo, manejando o grego com a mesma facilidade e mantendo-se em contato com os autores mais célebres, em virtude de seu constante convívio com a intelectualidade paterna.[67]

Naturalmente, a moça sentia-se mais próxima do pai do que da mãe, embora amasse Lívia com extrema ternura. Assim, a jovem estava sempre com o pai, no gabinete dele, acompanhava-o em viagens curtas e não fazia mistério de seus sentimentos para com o pai, que ela julgava um homem altivo, forte, intelectualizado, ao contrário de sua mãe, sempre com aquela doce humildade e resignação heroica que Flavia tomava por fraqueza.

Corria o mês de março quando Publius Lentulus recebeu uma carta vinda de Roma, o remetente era Flaminius Severus, que lhe comunicava o seu estado precário de saúde e o seu desejo de vê-lo — antes de fazer a grande viagem. Lentulus ficou tocado, mas o que foi fator preponderante para que ele viajasse para Roma foi uma carta anexa de Calpúrnia, esposa de Flaminius, na qual ela acentuava a situação de saúde de seu marido e acrescentava que os seus dois filhos tinham se transformado em *bons-vivant*, entregando-se às festas mais dissolutas e a hábitos pouco recomendáveis. Ela acreditava que a presença de senador, talvez, influenciasse, positivamente, os dois rapazes.

---

[66] Flaminius Severus e sua esposa.
[67] Emmanuel. *Op. cit.* p. 219.

Jesus e Emmanuel

Publius, depois de ler as duas cartas, chamou sua filha e lhe disse que deveriam viajar para a capital do Império. Depois deu esta mesma informação à esposa, que ficou muito preocupada com uma viagem a Roma, sendo portadora da mensagem do Cristo, o que era visto pelos romanos como uma bárbara superstição. Antes de deixarem Cafarnaum, o senador pediu à esposa e à filha que, se fossem interrogadas sobre Marcus, deveriam dizer que o menino estava morto. Este é outro sinal do imenso orgulho de Lentulus. Ele não gostaria de que soubessem que seu filho havia sido raptado, pois poderiam tê-lo na conta de um mau pai, que não soubera cuidar bem do filho e que era incapaz de resgatá-lo das mãos de seus captores.

Tudo decidido, a família Lentulus tomou o caminho de Roma. Assim que chegaram ao porto de Óstia não viram os semblantes amigos de Flaminius e Calpúrnia. Em lugar destes, estavam dois rapazes desembaraçados, usando túnicas patrícias. Eram os filhos de Flaminius Plinius e Agripa. Depois de apresentados, os dois rapazes se admiraram com a graça, elegância e beleza de Flavia. Ela ficou muito impressionada, principalmente com Plinius, que, aos seus vinte e seis anos, pareceu a ela um herói antigo dos seus livros de literatura. Plinius também não ficara imune àquela moça que partira de Roma há muitos anos como uma criança doente, com a pele marcada pela hanseníase e voltava agora como uma mulher feita e excessivamente bela. Semelhante impressão sobre a moça teve também Agripa.

## Flaminius volta ao plano espiritual

Em casa de Severus, este não quis perder tempo, pois acreditava que não podia se dar a este luxo e, assim, logo que passaram os primeiros cumprimentos efusivos, ele chamou o amigo para o seu gabinete e tiveram uma longa conversa, na qual, para espanto de Lentulus, conta que tivera um sonho muito semelhante ao sonho que Publius tivera. Ele também se vira envolvido, ao lado de Publius Lentulus Sura, na conspiração de Catilina. Publius tenta dissuadir o amigo sobre a veracidade do sonho, mas este diz a ele o que jamais imaginara ouvir do amigo: *acredito agora que temos muitas vidas em corpos diferentes*.

Em seguida, fala de suas preocupações com respeito aos dois filhos. Plinius se entregara à influência de maus conselheiros e vivia seduzido pelas frivolidades da sociedade romana contemporânea, mas Agripa se tornara ajuizado e interessados nas questões políticas. Plinius parecia inclinado a se comprometer com a filha de Salvius e Fulvia, mas isso não era da vontade nem dele nem de sua esposa.

Estavam os dois imersos em nesta conversa, quando chegou Agripa, dando ao pai notícias de Saul, um ex-escravo que amealhara grande fortuna e que, naquele momento, estava voltando à Palestina, onde morava seu pai. Não houve como o senador deixar de se lembrar do jovem judeu que ele castigara quando chegara a Palestina. Severus explica a ele que Saul era um escravo que fora comprado por um preço pequeno e se tornara tão eficiente que ele resolveu liberá-lo, dando-lhe o suficiente para viver e ele soubera transformar a quantia recebida em considerável fortuna. Publius ficou mais aliviado, acreditando que a história dele com Saul tivera um final feliz para o jovem.

Enquanto os dois homens dialogavam, em outra parte da casa, conversam Lívia e Calpúrnia. Lívia havia perguntado a sua amiga se ouvira falar de Jesus Cristo. A resposta da mulher foi altamente negativa e é, em verdade, uma reprodução do discurso de Lentulus sobre o absurdo das ideias de igualdade, liberdade e fraternidade pregadas por Jesus. Lívia tenta, inutilmente, argumentar. As mulheres ainda conversam quando Agripa vem avisar que o pai agoniza. A morte de Flaminius é uma bela morte, morte de um homem digno e nobre que, se cometeu erros, não o fez por maldade, mas por ter sido educado em uma sociedade em si mesma equivocada. A morte dele é tão positiva que o próprio Simeão, o mártir da Samaria, veio recebê-lo e auxiliar em sua desencarnação.

## XIII

## Uniões sinistras

Emmanuel aproveita o espaço das exéquias[68] de Flaminius para promover um colóquio entre Fulvia Procula e Aurélia, sua filha. Fulvia, cujo ódio contra Lívia não se arrefecera, envenena o espírito de sua filha, caluniando a sua inimiga de todos os modos que lhe eram possíveis. Acusa Lívia de ter sido amante de Pilatos e põe na conta dela a morte de Tarquinius, que segundo a sua versão teria sido assassinado e até mesmo o suicídio do ex-governador de Jerusalém e, por fim, fala mais de perto ao interesse da filha ao dizer que, seguindo o modelo da mãe, Flavia estava a ponto de roubar-lhe o noivo. Finalmente, sugere a filha que não se esquecesse de que Emiliano, protegido de Britanicus,[69] demonstrava interesse por ela e ele não era um partido de se desprezar.

Como acontece com os grandes narradores da literatura universal, Emmanuel aumenta as complexidades já existentes no enredo, fazendo com que Agripa, irmão de Plinius, se apaixone por Flavia. Este sentimento, porém, era impossível, uma vez que, segundo Emmanuel, Plinius e Flavia eram almas gêmeas.[70] O amor de Agripa por Flavia

---

[68] Cerimônias em honra de um morto. Cortejo fúnebre.
[69] Possivelmente um irmão de Nero que foi por este assassinado.
[70] Observe o leitor que a ideia de almas gêmeas não se refere apenas a Publius Lentulus e Lívia.

era tão grande que ele chega a adoecer com a proximidade do casamento de seu irmão com a mulher amada. A situação é controlada graças a intervenção de Calpúrnia, que convence o filho a fazer uma viagem para amenizar as dores de seu coração e ele aceita a proposta materna.

Em seguida, o narrador coloca uma conversa particular entre Calpúrnia e o senador Lentulus. Este colóquio poderia influenciar bastante a narrativa no sentido de seu desfecho, mas o narrador não tem pressa. Se Calpúrnia, muito amiga de Lívia, se incumbisse da defesa desta, seria mais fácil para Lentulus perdoar a mulher, mas ela não faz isso, muito pelo contrário, faz pesadas críticas à Lívia por ela ter se tornado cristã e se afastado do ideal da mulher romana.

Este capítulo termina com referências ligeiras aos casamentos de Aurélia com o jovem Emiliano Lucius, de Flavia com Plinius e com a instauração de um novo conflito.[71] Que consiste na revelação de que havia um outro personagem que estava apaixonado por Flavia Lentulia. Seu nome era Saul de Gioras.

---

[71] Conflito aqui possui o sentido de elemento da técnica narrativa que impulsiona o enredo.

## XIV

## As parcas fiam

Este capítulo começa com uma conversa entre Lentulus e Saul de Gioras. Nesse diálogo, Publius, desconfiado, quer saber um pouco mais sobre a origem de Saul. O judeu, entretanto, se esquiva e não se revela como filho de André de Gioras. O senador se dá por satisfeito. Em continuidade, o narrador volta a sua atenção para Saul de Gioras e descreve o turbilhão de emoções que envolviam o coração do judeu. Nele, lutavam, por um lado, o sentimento de gratidão pela família Severus, mas por outro, estava cobiçando a esposa de Plinius Severus que o tinha como um irmão. Tinha vontade de ir até a casa de seu pai, tomar o escravo Marcus e levá-lo de volta à família. Mas só faria isso se ela o amasse. Se, porém, acontecesse o contrário e ela o desprezasse, deixaria correr o tenebroso processo de vingança urdido por seu pai.

Nesse momento, o narrador dá um corte no assunto anterior e volta a falar de Fulvia e sua filha. Por aquela época, havia em Roma um grupo de "profissionais" que se prestavam a realizar trabalhos escusos e ilegais desde que fossem para isso bem pagos. Estavam neste grupo: envenenadores; fazedores de filtros amorosos; aborteiros; astrólogos e feiticeiros. Foi uma dessas pessoas que Fulvia e sua filha foram procurar para seus sórdidos propósitos.

## Jesus e Emmanuel

Este mago que era egípcio e se chamava Araxes, é descrito do seguinte modo:

> Araxes, cujo comércio criminoso todos conheciam como fonte inesgotável de filtros milagrosos do amor, da enfermidade e da morte. Ele era um iniciado do Antigo Egito, desviado, porém, da missão sacrossanta da caridade e da paz, na sua violenta paixão pelo dinheiro da numerosa clientela romana, então em pletora de vícios clamorosos e na dissolução dos mais belos costumes do sagrado instituto da família.[72]

Esta descrição, francamente negativa, entra em choque com a prática do feiticeiro, que se revela, na conversa com Fulvia e Aurélia, bastante moralizado. Quando as mulheres dizem que foram lá em busca de um filtro mágico, ele as repreende severamente. Lembrando encarnações no passado em que elas se comprometeram seriamente com a lei do amor. Essas encarnações aconteceram na Grécia, em Delfos e Atenas, onde se entregaram a ardentes e pecaminosas paixões e agora voltam a uma nova vida sem terem se corrigido dos vícios antigos. Mais uma vez Emmanuel volta a tocar no assunto das almas gêmeas (p. 202). Por fim, ele não faz o que elas lhe pedem e as mulheres vão embora frustradas. O interessante é que este mesmo adivinho (médium?) é procurado por Saul de Gioras que lhe faz uma proposta semelhante a que havia sido feita pelas duas romanas. Araxes também procura mostrar os erros de Saul:

---

[72] Emmanuel. *Op. cit.* p. 261.

## As parcas fiam

— Judeu! — disse ele austeramente — louva o Deus de tuas crenças, porque a tua face foi erguida do pó pelas mãos do homem que hoje te empenhas em trair... Mandam as leis severas da tua pátria que não venhas a desejar, nem mesmo por pensamento, a mulher de teu próximo e muito menos a companheira devotada e fiel de um dos teus maiores benfeitores. Dá um passo atrás no teu triste e desventurado caminho! Houve um tempo em que teu espírito viveu no corpo de um sacerdote de Apolo, no templo glorioso de Delfos...[73] Perseguiste uma jovem mulher dos mistérios sagrados, conduzindo-a à miséria e à morte, com os teus desvarios nefandos e dolorosos. Não ouses agora arrancá-la dos braços destinados ao seu amparo e proteção à face deste mundo!... Não te intrometas no destino de suas criaturas que as forças do céu talharam uma para outra.[74]

Como explicar essa inverossimilhança aparente? Como um homem voltado para o crime, que serviu muitas vezes a interesses escusos, pudesse dizer essas palavras que acabamos de ler? Para uma explicação possível vamos considerar uma informação de Emmanuel sobre o feiticeiro ao dizer que ele era um iniciado do Egito Antigo: a de que ele fosse médium, uma vez que a mediunidade não poderia ser um fenômeno desconhecido por um iniciado. Isso explicaria o fato de ele conhecer com tão grande facilidade e profundidade as encarnações de seus clientes. Aceitando-se esta hipótese, podemos acolher uma outra:

---

[73] Cidade grega na qual ficava um Templo dedicado ao deus Apolo, onde havia um dos oráculos mais famosos do Mundo Antigo.
[74] Emmanuel. *Op. cit.* p. 265.

Araxes falou mediunizado por "incorporação" ou mesmo por intuição. Este fato mediúnico, porém, só se dava em alguns casos, mas não em todos. Alguns clientes que vinham tratar seus crimes com o feiticeiro poderiam ter por vítimas pessoas que teriam a necessidade reencarnatória, por prova ou expiação, de passar pelas dores por que deveriam passar. Nesse caso, o feiticeiro seria o instrumento da evolução desses espíritos, sem que isto o eximisse de responsabilidade.

Enquanto essas coisas acontecem, vamos encontrar Saul de Gioras conversando com Flavia. De início, ele se mostra agressivo, quase dizendo claramente que estava apaixonado por ela, contudo, a reação firme da mulher faz com que ele recue e veja que, se quisesse alcançar os seus objetivos, deveria ser mais tático, mais diplomático e por isso se desculpa com ela por seus arroubos. A conversa, entretanto, não foi encerrada sem que Saul plantasse na mente de Flavia um espinho: o primeiro espinho de sua vida conjugal. Este espinho consistiu em lembrar a Flavia que Aurélia fora quase noiva de Plinius e que ela costumava frequentar todos os feiticeiros romanos para conseguir um modo de reaver o amor perdido.

Esta revelação foi o suficiente para provocar em Flavia um enorme ciúme que, bem plantado, deu frutos. Naquela mesma noite, quando Plinius voltou para casa, encontrou a mulher muito triste, acabrunhada, cheia de recriminações descabidas. Eram os primeiros respingos na relação que, se não forem debelados, poderiam transformar-se em uma tempestade de graves consequências. Aqui, mais uma vez (p. 271) Emmanuel faz referência ao fato de Flavia e Plinius serem duas almas gêmeas.

Em sequência, Emmanuel começa a tratar do Cristianismo em Roma. Lembra ele que a doutrina de Jesus era a mais extrema e radical oposição à vida romana daquela época. Os discípulos de Jesus pregavam a igualdade e a fraternidade; eram contra os jogos violentos e a escravidão; condenavam a moralidade frouxa e a devassidão que tomavam conta da cidade, notadamente nas classes mais altas e, principalmente, eram monoteístas em um mundo onde dominava o politeísmo antropomórfico e isso era o que mais indignava os romanos que haviam, inclusive, desde da época de Augusto, deificado os seus imperadores.

Assim, perseguidos por leis restritivas de sua fé, os cristão de Roma não tinham liberdade de se reunirem para as suas práticas religiosas. Como solução buscaram abrigo nas catacumbas, onde se reuniam para falar de Jesus e ouvir as lideranças cristãs que vinham da Palestina e de outras partes do Império. Entre esses cristão que frequentavam as catacumbas estava Ana, a serva de Lívia que, deste modo, trazia a sua senhora informada sobre o que acontecia entre os seguidores de Jesus. Nas ocasiões em que vinham irmãos da Grécia e de outros lugares à Roma, então, Lívia ia ouvi-los com devoção e respeito nas cavernas de pedra que formavam as catacumbas.

## XV

## Confiemos em Deus

Este capítulo é caracterizado pela morte de alguns personagens importantes para a narrativa. Antes, porém, de tratar dessas mortes, Emmanuel desenvolve o núcleo narrativo que tem por personagens Plinius e Flavia em um primeiro plano e Saul, Fulvia e Aurélia em um segundo. Plinius havia crescido na carreira militar. Por algumas vezes estivera nas Gálias e na Península Ibérica,[75] onde havia conseguido honrosas condecorações e, talvez, por isso, infelizmente, a vaidade e o orgulho haviam proliferado em sua alma, não obstante a generosidade de seu coração.

Em breve, porém, o carinho de sua esposa fora substituído pelo falso amor da inúmeras amantes. É claro que Calpúrnia se desgostou das atitudes de seu filho, admoestou-o, mas ele não se importou. Com o passar do tempo o esposo de Flavia Lentulia descia cada vez mais na estrada da dissipação e do vício. Sua prodigalidade com as mulheres tornara-se proverbial nos centros mais elegantes da cidade, onde normalmente crescem e proliferam os fuxicos, as conversas difamatórias inconsequentes. Quase nunca estava no recesso sacrossanto de seu lar. Desse estado de coisa se aproveitaram Aurélia e

---

[75] Região que compreende Espanha e Portugal.

## Jesus e Emmanuel

Fulvia, a primeira conseguiu restabelecer os antigos laços amorosos que mantivera com Plinius. Todos esses acontecimentos desagradáveis foram recebidos por Flavia com dignidade silenciosa.

Vamos, agora, examinar as mortes a iniciar pelo falecimento de Fulvia Procula. Esta mulher, um dos personagens mais fortes da narrativa, desde a morte do marido havia demonstrado sintomas de debilidade mental, além de apresentar pelo corpo fragilizado feridas cancerosas. Nessa situação dolorosa, não contara com a ajuda de sua filha, muito ocupada em frequentar festas mundanas e encontros sociais numerosos. Temos aqui um exemplo claro do plantar e colher. Aurélia era uma obra de Fulvia e com ela aprendeu a ser frívola, desamorosa, hedonista e cínica e isso explica o abandono dela em relação a sua mãe doente.

Mesmo um espírito como Fulvia Procula não se encontra órfão da graça de Deus e, por este motivo, um personagem com o qual ela jamais se importou dará a ela a assistência que a filha não lhe deu. Refiro-me a Emiliano Lucius. Foi ele que se desvelou junto ao leito onde ela delirava, perseguida por aqueles a quem ela tanto mal fizera. Com as mãos crispadas e os olhos desmesuradamente abertos, fitando o vazio como se visse ali figuras invisíveis para as outras pessoas. Gritava ela:

— Emiliano, este quarto está cheio de seres tenebrosos... Não percebes? Ouve bem... Ouço-lhes os impropérios rijos e as sinistras gargalhadas!... Conheceste Sulpicius Tarquinius, o grande lictor de Pilatos...? Ei-lo que chega com os seus

## Confiemos em Deus

legionários mascarados de trevas!... Falam-me da morte. Falam-me da morte!... Socorre-me, filho meu! Sulpicius Tarquinius tem um corpo de dragão que me apavora.[76]

Esta passagem de Emmanuel é muito interessante. Caminhando para a desencarnação, Fulvia já se encontra relativamente desligada do corpo físico e por isso pode ver os espíritos que a cercavam e entre eles está o terrível Sulpicius Tarquinius que vem recebê-la. A forma de dragão que ele assume pode estar relacionada com um grupo de espíritos de que nos fala André Luiz e que se intitulam dragões, encarregados de justiçar os espíritos sofredores que viveram no mal, para o mal, pelo mal.

Crises de soluços e lágrimas se misturavam a essas falas angustiosas. Emiliano pede a ela que se acalme e que confie nos deuses. A mulher responde essa observação dizendo:

— Ah! Os deuses! os deuses! onde estariam os deuses desta casa infame? Emiliano, Emiliano, nós é que criamos os deuses pra justificar os desvarios de nossas vidas![77] O Olimpo de Júpiter é uma mentira necessária ao Estado. Somos uma caveira enfeitada na Terra com um punhado de pó! O único lugar que deve existir de fato é o inferno onde se conservam os demônios com os seus tridentes no braseiro. Ei-los que chegam em falanges escuras![78]

---

[76] Emmanuel. *Op. cit.* p. 378.
[77] Observe o leitor esta frase de Emmanuel que se assemelha uma frase de Eurípedes na tragédia *Écuba*, que diz o seguinte: *Afrodite é o nome de uma deusa que nós criamos para justificar as nossas paixões.*
[78] Emmanuel. *Op. cit.* pp. 279-280.

## Jesus e Emmanuel

Esta desencarnação lembra a da rainha Elizabeth[79] da Inglaterra, que no seu leito de morte foi acossada pelos espíritos desencarnados aos que ela fez mal na Terra. No caso de Fulvia, muitos desses espíritos não foram mortos por ela, mas estiveram com ela o tempo todo na condição de obsessores e a consideram sua amiga e a querem levar com eles para que a aliança nefanda continue. Daí a frase delirante que ela diz: "Nunca me levareis, malditos! *Para trás, canalhas! Tenho um filho que me defende de vossas investidas tenebrosas.*" Emiliano, carinhoso, acariciava os cabelos da doente em desespero.

Em um certo momento, de dentro de sua alma atormentada parecia nascer um raio de luz e ela, um pouco mais calma, decide fazer uma confissão dos crimes praticados. Emiliano escuta atento e ela diz:

— Emiliano, estou me aproximando da morte e é preciso confessar-te as minhas faltas e grandes deslizes! Perdoa-me, filho, se tamanhos trabalhos te hei proporcionado! Minha existência misérrima foi uma longa esteira de crimes, as manchas horrorosas não podem ser lavadas pelas próprias lágrimas da enfermidade que ora me conduz aos impenetráveis segredos da outra vida! Nunca, porém, consegui ponderar as armaduras terríveis que me esperavam. Hoje, nas pesadas sombras da alma, sinto que a minha consciência se tisna do carvão apagado do fogo das paixões

---

[79] N.E.: Elizabeth I (1533-1603), foi Rainha da Inglaterra e da Irlanda de 1558 até sua morte.

nefastas que me devoraram o penoso destino! Fui esposa desleal, impiedosa e mãe desnaturada.

Quem se apiedará de mim, se houver uma claridade espiritual após as cinzas do túmulo? Deste leito de loucura e agonia desesperada, vejo o desfile incessante de fantasmas hediondos, que parece esperar-me no pórtico do sepulcro! Todos profligam meus crimes passados e me arrastam à sepultura![80]

Certo dia, a doente sente falta de sua filha e pergunta por ela a Emiliano. Ele responde que ela deveria estar em companhia de suas amigas em trabalho social. A mulher ri e diz ao genro que ela estaria de fato nos braços de Plinius Severus, seu amante, em algum lugar suspeito de Roma, em algum lupanar ou casa de tolerância. Emiliano tentou impedir que a mulher continuasse com aquelas revelações, mas a mulher não está disposta a fazê-lo e continua contando, em detalhes, a traição da filha. Desce a pormenores sórdidos e nem a si mesma poupa, ao dizer que ela mesma favorecera o adultério de Aurélia que acontecera naquela mesma casa. O rapaz fica aturdido. Uma pessoa entra no quarto. É Aurélia, que ouvira as últimas palavras acusadoras de sua mãe.

Naquela mesma hora atravessou como um raio na mente da moça uma ideia sinistra: apressar a morte da própria mãe e é o que ela faz ao ministrar à doente uma poção envenenada sob pretexto de ser um calmante que aliviaria as dores maternas. A morte de Fulvia foi atribuída

---

[80] Emmanuel. *Op. cit.* p. 280.

## Jesus e Emmanuel

à doença que a vinha consumindo nos últimos meses. Aurélia representou muito bem o papel de filha sofrida com a morte da genitora. Passados os dias do luto, Aurélia voltava à vida desregrada enquanto Emiliano curtia a dor que as revelações de Fulvia lhe causara.

Continuando a sua narrativa, Emmanuel entra no governo de Nero. Vamos aproveitar aqui para fazer um pequena biografia deste imperador de Roma.

Lucius Domitius Claudius Nero era o nome primitivo deste Imperador que, depois de sua coroação passou a se chamar Nero Claudius Caesar Drusus Germanicus. Foi o sexto Imperador romano. No ano 50 de nossa era foi adotado pelo Imperador Cláudio e no ano 54 subiu ao poder. No início de seu reinado foi bom, justo e empreendedor. Pouco tempo depois, mostrou-se cruel e depravado. Mandante de muitos crimes, promoveu cruel perseguição aos cristãos de Roma. Suicidou-se ao ver que a revolta chefiada pelo general Galba recebera o apoio popular.

Emmanuel nos dá sobre Nero informações historicamente corretas e inclui três personalidade que foram auxiliares diretos de Nero em sua obra terrível: uma feiticeira perversa chamada Locusta, perita em venenos letais; Tigelinius, chefe da guarda pretoriana e um assassino por nome Aniceto cujo punhal estava sempre a serviço do Imperador.

Um dia, ao chegar a casa, Emiliano ouviu vozes que conversavam alegremente. Vai até onde aqueles sons se originavam e vê em cínico colóquio sua esposa a Plinius Severus. Naquele momento, via com os próprios olhos a prova factual da verdade dita pela sogra antes de desencarnar. Muito triste, ele vai para o escritório de Salvius Lentulus. Ali, sozinho, ele cai em desespero. Desgostoso do governo despótico de Nero e com a saciedade de seu tempo, surpreendia agora a mulher em adultério. Não vê outra saída: toma um frasco de poderoso veneno e pôs fim à vida. Livre do marido, Aurélia se entrega à devassidão e amplia bastante as suas possibilidades de prazer em uma cidade hedonista como era Roma.

Como um bom tecelão que vai unindo os fios de seu tecido dando-lhe a forma desejada, Emmanuel retoma os fios relativos aos Lentulus. No ano 57, a matriarca da família Severus foi acometida de grave enfermidade que exigiu da família a presença constante junto de seu leito. Agripa que, como vimos, viajara para Massena e Avênio, voltou para o seu lar. Ver Flavia Lentulia, estar com ela em um mesmo ambiente, fez reviver velhos sentimentos adormecidos, mas não extintos. Compreendeu logo a situação do casal, mas respeitoso evitou ser efusivo em seus sentimentos.

Aconteceu, porém, que Calpúrnia, dando mostras de melhoras, possibilitou o descanso de Flavia, que foi algumas vezes na companhia de Agripa Severus a alguns espetáculos a fim de se distrair um pouco. Foi o bastante para que Saul, que havia vindo morar em Roma, buscasse envenenar o coração violento de Plinius com algumas gotas de suspeita. O judeu estimulou a imaginação do marido de Flavia com fantasias sobre fatos que jamais haviam acontecido. Plinius fazia parte do grupo de homens que dão a si mesmos a mais ampla e total das liberdades sexuais, mas nega à esposa a possibilidade de manifestar emoções com respeito a outro homem, mesmo as mais puras e desinteressadas.

No ano 58, Calpúrnia havia piorado e não pouco, por isso Lívia, muito solícita e fraterna, veio para a cabeceira da esposa de Flaminius. Junto à velha senhora, ela foi uma auxiliar amorosa e extremada. O comportamento amoroso de Lívia fez com que Calpúrnia repensasse os seus antigos conceitos, tanto no que diz respeito à personalidade da amiga como da nova doutrina que ela havia aceitado.

Calpúrnia havia se modificado muito em contato com Lívia. Deixou de tratar mal e com arrogância os escravos que se aproximavam de seu leito e pediu à amiga que lhe ensinasse as preces cristãs que ela havia aprendido na Palestina. Essas preces eram feitas pelas duas mulheres de mãos-postas e alma contrita quando a casa gozava de completo silêncio. Esta prática fazia bem à doente. A respiração ficava melhor, quase que se normalizando, como se um bálsamo do Alto viesse sobre ela e lhe reanimasse o coração esclerosado e fatigado

No ano 58, a situação de Calpúrnia agravara-se bastante, apesar dos cuidados que Lívia tinha para com ela. A mulher de Flaminius modificara-se muito sob a salutar influência de Lívia e esta modificação foi notada por Publius Lentulus. Um dia, Calpúrnia chamou Lentulus para uma conversa e, neste colóquio, ela contou o quanto havia sido injusta com Lívia, que na última conversa que tivera com ele sobre Lívia tinha agido de maneira inconsequente, deixando na alma dele dúvidas sobre a esposa e isso fora definitivo para que ele não buscasse reconciliação com a mulher.

Ela diz a Lentulus que a sua esposa era imaculada e inocente. Não dizia isto pelo desvelo de Lívia junto ao seu leito de enferma, mas por amor à verdade e à justiça. Durante muitos anos, ela pedira aos deuses uma revelação sobre a verdade dos fatos, contudo, esta revelação não veio. Agora, porém, exatamente neste transe difícil do fim de sua vida, tivera a revelação desejada vinda em uma visão que ela narra do modo seguinte:

> [...] No meio de uma luz difusa e azul, vi Flaminius a estender-me os braços carinhosos e compassivos... No olhar, observei-lhe a mesma expressão habitual de ternura e, na voz, o timbre familiar inesquecível... Avisou-me de que, dentro de dois dias, penetrarei os mistérios indevassáveis da morte, mas essa revelação do meu fim próximo não me podia surpreender, porque, para mim, que há tantos anos vivo no meu exílio de saudades e sombra, acrescido das continuadas angústias da enfermidade longa e dolorosa, a certeza da morte constitui supremo consolo. Confortada pelas doces promessas da visão, as quais me auguravam este brando alívio para breves horas, perguntei ao espírito de Flaminius sobre a dúvida cruel que me dilacerava há tantos anos. Bastou que eu o arguisse mentalmente para que a radiosa

entidade me dissesse em voz alta, meneando a cabeça em um gesto delicado, como a exprimir infinita e dolorosa tristeza: "Calpúrnia, em má hora duvidaste daquela a quem deverias amar e proteger como a filha querida e carinhosa, porque Lívia é uma criatura imaculada e inocente."[81]

Por fim, Publius Lentulus se vê rendido, reconhecendo a inocência da esposa e promete à doente que fará a reconciliação com Lívia. Calpúrnia chora emocionada e diz que será muito feliz se, do outro lado desta vida, na sombra do sepulcro, pudesse ver ele e Lívia reconciliados e felizes. A morte se aproxima rápido. Ela insiste com o amigo que perdoe a esposa, que se ajoelhe aos pés dela se necessário. Ao fim do dia seguinte, Calpúrnia pediu perdão a Lívia e deixou esta vida com grande tranquilidade.

Logo depois das exéquias, haveria uma festa promovida por Sêneca,[82] onde o senador receberia a coroa da vitória suprema na vida pública irrepreensível que tivera. Lentulus havia dito a Calpúrnia que depois da festa iria pedir o perdão de Lívia, depositando aos pés dela os louros da vitória que receberia.

Na antevéspera da grande festa, Publius se postara em frente aos aposentos de sua esposa antegozando o ditoso momento em que ele pediria o perdão dela. Nisso ele escuta uma voz maviosa que canta, era Lívia entoando a melodia

---
[81] Emmanuel. *Op. cit.* p. 296.
[82] Filósofo estoico que foi preceptor de Nero.

Alma Gêmea que nós já conhecemos de outra parte deste livro. Publius ouve enlevado. O capítulo termina com uma voz misteriosa que avisa a Lívia que estava chegando a hora de sua ventura terna e imorredoura. Pede a ela que eleve o pensamento a Jesus porque estaria chegando a hora de ela entrar no Reino de Deus.

## XVI
## Jesus em Roma

Este capítulo se abre com uma conversa entre Ana e Lívia. Ana, como era de seu costume, informa à sua senhora sobre as novidades na comunidade cristã. Diz a Lívia que os cristãos de Roma serão visitados por João de Cleofas, vindo da Igreja de Antiochia,[83] que trazia para o grupo cristão de Roma importantes revelações. Lívia fica muito feliz e se diz disposta a ir assistir à palestra com o irmão antioqueno. Além dos mais, desejava agradecer a Jesus pela transformação operada em seu marido, que voltava a ser delicado com ela e que reservava para ela uma surpresa no dia seguinte à festa de homenagem a ele.

É estranho que, embora feliz com os rumos dos acontecimentos, Lívia estava preocupada. Em sua intuição mais íntima sentia que seus dias na Terra estavam contados. Felizmente iria partir reconciliada com o esposo amado e isso lhe causava uma enorme felicidade. Enquanto orava em seu quarto, havia ouvido uma voz misteriosa que dizia estar muito perto o reino que Jesus anunciava. As palavras de Lívia causaram uma grande tristeza em Ana, que diz à amiga que só Deus saberia qual delas partiria

---

[83] Antiga cidade da Ásia Menor, hoje denominada Antakiê. Foi fundada por Selêuco Nicátor 300 anos antes de Cristo. Nesta cidade, o cristianismo primitivo cresceu e deu belos frutos.

primeiro. Em continuidade, as duas mulheres decidem que ambas irão às catacumbas para ouvir João de Cleofas.

Tomada esta decisão, à noitinha as duas mulheres deixaram a casa e se esgueirando, cuidadosas, chegaram às catacumbas, onde já estavam outros companheiros de mesma fé. Em um vasto espaço de pedra que havia sido outrora lugar de reunião das assembleias das cooperativas funerárias, Emmanuel apresenta o orador, um homem de meia-idade com os cabelos grisalhando. Dele exalava um forte magnetismo que a todos prendia. Sua voz se elevou com severa doçura. Depois da saudação à plateia, João faz temíveis profecias: *"Amados, acredito que estamos em véspera dos mais atrozes testemunhos de nossa fé, pelos sofrimentos emissores, mas a cruz do Calvário deverá iluminar a penosa noite dos nossos padecimentos."*[84]

A fala de João de Cleofas, entretanto, não está dominada pelo desânimo ou pelo medo da morte. Na Era dos Mártires, a ideia de morrer por Jesus era muito bem-aceita nas comunidades cristãs e alguns chegavam mesmo ao radicalismo de desejar um tipo de morte tão dolorosa como fora a de Jesus. Era necessário imitar Jesus até mesmo nas dores por que ele passou. Assim, aqueles homens não temiam morrer ou sofrer por que na outra vida lhes aguardava um galardão que eles ambicionavam. Em um certo momento, a fala do enviado da Igreja de Antiochia toma o tom dos profetas do Antigo Testamento:

---

[84] Emmanuel. *Op. cit.* p. 307.

> Lavaremos com o nosso sangue e com as nossas lágrimas a iniquidade desses mármores preciosos, mas, um dia, irmãos meus, toda esta Babilônia de inquietação e de pecado ruirá, fragorosamente, ao peso de suas misérias ignóbeis... Um furacão destruidor derrubará os falsos ídolos e confundirá as pretensiosas mentiras dos seus altares... Tormentas dolorosas do extermínio e do tempo farão chover sobre este império poderoso as ruínas da pobreza e do mais triste esquecimento. Os circos da impiedade hão de desaparecer sob um punhado de cinzas, o Fórum e o Senado dos impenitentes hão de ser confundidos pela suprema justiça divina e os guerreiros orgulhosos desta cidade pecadora rastejarão um dia como vermes pelas margens do mesmo Tibre que lhes carreia a iniquidade...[85]

Os romanos eram bastante liberais em matéria religiosa. Tanto isso é verdade que religiões estrangeiras, como o culto egípcio de Ísis, o culto persa de Mitra e mesmo a religião judaica conviviam sem restrições em Roma. Isso se dava em razão de uma certa semelhança que havia entre essas religiões, pois eram muito parecidas com a religião romana tradicional, talvez com a exceção do Judaísmo. O Cristianismo nascente, porém, era demasiadamente intolerante para com o politeísmo clássico e exigia o fim da idolatria e do culto aos falsos deuses, e isso era insuportável para as autoridades romanas.

Por causa disto, à medida que as comunidades cristãs cresciam, crescia também a intolerância em relação a elas,

---

[85] Emmanuel. *Op. cit.* p. 308.

## Jesus e Emmanuel

foi por este motivo que, quando Nero acusou os cristãos de terem incendiado Roma, esta acusação falsa foi aceita e o ódio e a perseguição contra os seguidores do Cristo foram muito bem-aceitos pela população romana. Assim, naquela oportunidade, os cristãos das catacumbas passaram a ser visados e no dia em que João de Cleofas estava fazendo a sua visita à comunidade romana, o lugar foi invadido pelo centurião Clodio Varrus com a ordem de prender todos os que estavam ali, ouvindo o pregador antioqueno. Nesse grupo, como já vimos, estava Lívia e a sua serva, Ana.

O grupo de cristãos, inclusive João de Cleofas, Lívia e Ana, foi capturado e levado para o Circo Máximo. Aqui nos sentimos tentados a citar o texto de Emmanuel para que o leitor faça uma ideia clara deste espírito como escritor de grande valor literário. Vamos conhecer este texto, primor do estilo realista:

> O Circo Máximo ficava situado, justamente, no vale que separa o Palatino[86] do Aventino, erguendo-se ali como uma das mais belas maravilhas da cidade invicta. Edificado nos primórdios da organização romana, suas proporções grandiosas se haviam desenvolvido com a cidade e, ao tempo de Domício Nero, tal era a sua extensão que ocupava 2.190 pés[87] de cumprimento por 960 de largura, terminado em um semicírculo com a capacidade para 300.000 espectadores

---

[86] Palatino e Aventino são dois montes da cidade de Roma.
[87] Pé é uma medida inglesa de comprimento que se divide em 12 polegadas e equivale aproximadamente a 3.048 metros.

comodamente instalados. De ambos os lados corriam duas ordens de pórticos[88] superpostos, ornados de colunas preciosas e coroadas de terraços confortáveis.

Naquele luxo de construção, viam-se em demasia ornamentos, viam-se tascas[89] numerosas e inúmeros lugares de devassidão, em sua sombra dormiam os miseráveis e repousava a maior parte do povo embriagado e amolecido nos prazeres mais hediondos. Seis torres quadradas, denotando as mais avançadas expressões de bom gosto da arquitetura da época, dominavam os terraços servindo de camarotes luxuosos às personalidades mais distintas nos espetáculos de grande gala.

Largos bancos de pedra dispostos em anfiteatro[90] corriam por três lados, localizando-se, em seguida, em linha reta, o espaço ocupado pelos cárceres, de onde saíam os cavalos e carros, bem como escravos e prisioneiros, feras e gladiadores para os divertimentos preferidos pela sociedade romana. Sobre os cárceres erguia-se o suntuoso pavilhão do Imperador, de onde as mais altas autoridades e áulicos[91] acompanhavam César em seus entretenimentos. A arena era dividida longitudinalmente por uma muralha de seis pés de altura, por doze de largura, erguendo-se sobre elas altares com estátuas preciosas que ostentavam bronzes finos e dourados. Bem no centro dessa muralha, imprimindo-lhe um traço majestoso de grandeza ao ambiente, levantava-se à altura de cento e vinte pés o famosos

---

[88] Átrio espaçoso com abóbada sustentada por colunas ou pilares.
[89] Lojas, lugar para se comer, restaurante popular.
[90] Teatro circular.
[91] Bajuladores.

obelisco[92] de Augusto, dominando a arena colorida de vermelho, dando a impressão de relva deliciosa que se tingisse subitamente de flores de sangue.[93]

É neste lugar que acabamos de conhecer que se encontram presas a esposa de Lentulus e Ana, sua fiel serva. Estão com elas todos os colaboradores do Cristo, inclusive João de Antiochia. Lívia, um espírito de considerável evolução, sabe o que vai lhe acontecer e espera o martírio com grande tranquilidade e sentimento de renúncia. João de Cleofas, discípulo de Jesus, portador de uma fé que jamais enfraquecia, cuidava de consolar seus irmãos que se preparavam para o grande sacrifício.

Como uma antítese da situação vivida por Lívia, Emmanuel coloca a situação de Publius Lentulus. Ambos estão felizes por razões diferentes; as de Publius puramente mundanas e materiais, pois ele está recebendo as homenagens a que fazia jus como homem público; as de Lívia, espirituais, uma vez que ela se prepara para fechar a sua encarnação dando o seu sangue por Jesus Cristo e, para ela, não havia honra maior. Emmanuel faz também uma descrição belíssima do cortejo característico das cerimônias públicas de Roma. É interessante ressaltar que tal descrição, tão detalhada e minuciosa, que nos transporta ao ambiente histórico em que o fato se deu, só poderia

---

[92] Monumento de origem egípcia que possui a forma de uma gigantesca agulha de granito.
[93] Emmanuel. *Op. cit.* p. 312.

ter sido feita por alguém que viveu na época e que esteve envolvido com os costumes de Roma.

Por uma necessidade do enredo, Emmanuel faz com que Lívia troque de roupa com a sua serva, o que anuncia implicitamente ao leitor que Lívia morrerá, todavia, será Ana que deverá levar ao senador a notícia terrível da morte da esposa dele.

Voltemos, porém, um pouco em nossa narrativa. A procissão descrita por Emmanuel tem, por fim, o Circo Máximo, onde vinte leões africanos foram deixados sem alimento para que se alimentassem da carne dos cristãos. É chegado o momento de Lívia oferecer ao Cristo a própria vida. A cena descrita por Emmanuel é notável por sua beleza trágica e profunda emotividade:

> Ingressando na arena, Lívia ajoelhara-se de fronte para o grande e suntuoso pavilhão do Imperador, onde buscou lobrigar o vulto do esposo pela derradeira vez, a fim de guardar no fundo da alma a dolorosa expressão daquele último quadro, junto da imagem íntima de Jesus crucificado, que inundava de emoções serenas o seu pobre coração dilacerado no minuto supremo. Pareceu-lhe divisar, confusamente, na doce claridade do crepúsculo, a figura ereta do senador, coroado de rosas como os triunfadores e, quando os seus lábios se entreabriram em uma última prece misturada de lágrimas ardentes que lhe borbulhavam nos olhos, viu-se, repentinamente, envolvida pelas patas selvagens de um monstro.
>
> Não sentira, porém, qualquer comoção violenta e rude que assinala, comumente, o minuto obscuro da morte, figurou-se-lhe

haver experimentado ligeiro choque, sentindo-se agora embalada em uns braços de névoa translúcida que ela contemplou altamente surpreendida. Buscou certificar-se de sua posição dentro do circo e reconheceu, ao seu lado, a nobre figura de Simeão, que lhe sorria divinamente, dando-lhe silenciosa e doce certeza de haver transposto o limiar da Eternidade. [94]

Chamo a atenção do leitor para a diferença entre a morte do ímpio e a morte do justo. O ímpio morre, muitas vezes, entre dores lancinantes, apavorado com o futuro que lhe espera; algumas vezes revoltado e desejoso de vingança contra aqueles que ele considera seus inimigos. O justo desencarna tranquilo. Amigos da espiritualidade vêm recebê-lo e mesmo no caso de mortes violentas como a de Lívia, nada sentem, pois há ação amorosa da espiritualidade maior que, no texto, é representada por Simeão, o samaritano.

Emmanuel vai agora nos revelar a dor de Publius Lentulus ao saber da morte da esposa, fato que ele fica sabendo por meio da escrava Ana, que escapara à morte por ser confundida com uma dama romana em razão de suas vestes e confirmada quando ele encontra dois soldados brigando por causa de um colar de pérolas do qual pendia um camafeu que eles diziam ter pertencido a uma mulher que morrera na arena despedaçada pelos leões. Eram as joias de sua mulher. Lentulus comprou as joias e levou-as consigo.

---

[94] Emmanuel. *Op. cit.* p. 328.

## Jesus em Roma

O senador romano está tomado pela mais profunda das dores e por um enorme sentimento de culpa, por ter julgado e condenado a esposa inocente. Tamanha é a sua angústia que, um dia, ele apela para Jesus, o Nazareno, aquele mesmo Jesus que ele, na Palestina, desprezara e qualificara de mago ou feiticeiro. A sua voz, então, se eleva em uma prece, sentida, súplice, desesperada:

> Jesus de Nazaré, foi preciso perdesse eu o melhor e o mais querido de todos os meus tesouros para recordar a doçura das tuas palavras! Não sei compreender a tua cruz e ainda não sei aceitar a tua humildade dentro da minha sinceridade de homem humilde, mas se pode ver a enormidade de minhas chagas, vem socorrer-me, ainda uma vez, o meu coração miserável e infeliz.[95]

Estando ainda joelhado, Lentulus notou um ponto luminoso ao seu lado que, aos poucos, foi tomando forma até que, claramente manifestou-se um espírito que, em sua última existência terrena, havia se chamado Flaminius Severus. O antigo senador romano não possui mais o aspecto de um homem orgulhoso de outrora. O espírito desencarnado contemplou o amigo como se estivesse sentindo por ele uma piedade infinita. Sorria, mas com um sorriso amargurado e triste. A fala de Flaminius não é acusatória mas esclarecedora. Lembra ao amigo que, diante da morte, todas as vaidades desaparecem e nossos poderes terrenos se tornam meras ilusões.

---

[95] Emmanuel. *Op. cit.* p. 336.

Fala-lhe do perigo do orgulho para o espírito encarnado. Aconselha-o a sorver com paciência e resignação o cálice de amarguras que lhe está sendo oferecido e que este cálice está ainda longe de terminar. Prossegue Flaminius nesse mesmo tom, aclarando para ele o mundo de trevas que até então vivera

A conversa continua até que é chegada hora do amigo espiritual partir e ele então se desfaz (desmaterializa-se), por assim dizer, ante aos olhos espantados de Publius e parte. A sua última palavra ao amigo é um pedido: "Perdoa!" Aquela última recomendação caiu sobre a alma do nobre patrício como um bálsamo dulcificante, como o orvalho da manhã umedece as flores do caminho.

Mais à frente, Lentulus reúne o que se poderia chamar de conselho de família para discutir a nova situação. Desta reunião, participaram Flavia, Plinius, Agripa e a criada Ana. Lentulus fez uma narrativa ao máximo completa do que Ana lhe havia contado. Plinius Severus mostrou-se irritado com Ana, por considerá-la culpada pelo que acontecera a Lívia. Lentulus, porém, sem discordar do rapaz, defende Ana, o que causa a estranheza aos presentes ao ver um patrício defendendo uma escrava.

Plinius retoma a palavra para explicar que às pessoas que vieram àquela casa para cumprimentar o senador por seu sucesso político era necessário justificar a ausência de Lívia. Dever-se-ia dizer então que ela esteve muito doente em Tibur e o fato dela, desde sua volta da Palestina, não ter participado de reuniões sociais reforçava a tese da enfermidade e posterior passamento.

## Jesus em Roma

Lentulus, que estava muito preocupado pelo fato de Lívia ter sido morta como cristã na arena, morte desonrosa, recebeu a ideia de Plinius com muito boa vontade. Sim. Lívia morrera em Tibur, como uma excelente matrona romana. Com muita habilidade e se valendo de sua influência, ele conseguiu montar uma simulação de honras fúnebres para a esposa cujas cinzas "simbólicas" foram conduzidas com grande pompa. Com isso, Lentulus cumpria um dever social, protegia a memória de Lívia e integrava a esposa no lugar que lhe era devido no contexto familiar.

No dia seguinte, Lentulus perguntou a Ana se ela sabia de uma pequena e tosca cruz de madeira da qual Lívia jamais se afastava. Ana compreendeu que era a cruz de Simeão e correu aos guardados de sua ama e, encontrando o objeto sagrado, entrega-o ao seu senhor. Publius toma a cruz emocionado e guarda-a consigo para não se esquecer da esposa muito amada.

## XVII

## A luz vence as trevas

Este capítulo nos mostra a vida depois da morte daqueles que venceram suas provas ou expiações sem perder a fé em Deus, a esperança na vida futura e a caridade para com o próximo. Assim, o capítulo é iniciado na arena de Roma, com o espetáculo cruel da morte dos primeiros cristãos nas garras dos famintos leões africanos. Naquele dia, nos lembra Emmanuel, enquanto as feras dilaceravam as carnes dos mártires,[96] um grande grupo de espíritos superiores, sob a égide de Jesus, lhes amparava os corações dilacerados no martírio, saturando-os de força e de coragem para o supremo testemunho de sua fé. Este trecho lembra claramente a passagem do Sermão do Monte: *felizes os que sofrem porque eles serão consolados*.

Em seguida Emmanuel dá um *closed*[97] sobre Lívia que, neste capítulo, será a personagem principal. Depois que a morte cobriu-a com a suas negras asas, a esposa de Lentulus abriu os olhos e viu ao seu lado Simeão, que sorria bondoso ao mesmo tempo que lhe acariciava os cabelos. Também logo percebeu espalhadas pela

---

[96] Vamos lembrar ao leitor que a palavra mártir significa testemunha e martírio, testemunho. Assim aqueles primeiros cristãos testemunharam a sua fé inquebrantável nas promessas de Jesus, selando com o próprio sangue, muitos deles, grandes dívidas cármicas.

[97] Foca, concentra-se sobre um personagem.

arena vísceras humanas; cabeças deslocadas do corpo, pedaços de ossos ainda envolvidos de carne, estes eram os despojos dos mártires. O vozerio de mais de duzentas mil pessoas enchia o ambiente. De repente, Lívia olha para o céu e não mais ouve o tremendo alarido e não mais vê os despojos sangrentos, antes, observa que do céu descia uma luz misteriosa e compassiva e seres maravilhosos que pareciam alados vinham à Terra e cercavam a todos, inundando o ambiente de vibrações divinas. Esta é outra passagem que lembra bastante a escada de Jacó.

Simeão prepara Ana para a sua viagem aos mundos superiores que são chamados de Reino do Senhor. Emmanuel, então, insere no romance um canto de glória a Deus que lembra e não pouco os salmos bíblicos. Este canto é tão belo e poderoso que mesmos os seres inferiores das esferas espirituais mais próximas do nosso planeta, ao ouvirem os ecos do banquete espiritual que Jesus prepara para os seus mártires, se converteram para sempre ao amor e ao bem supremos. Ali, Lívia conheceu lugares tão belos que a língua humana não tem como expressar ou descrever. Compreendeu também a frase de Jesus sobre a casa do Pai e as suas muitas moradas. Naquelas regiões paradisíacas, ela escuta maravilhada uma pregação do próprio Jesus em que ele reforça os ensinamentos dados na Terra quando aqui esteve.

Em um certo momento de sua prédica, Jesus faz profecias e destacamos uma delas pela importância que tem para a nossa doutrina. Gostaria de que o leitor lesse com muita atenção a página seguinte porque nela se encontra uma declaração clara e precisa do momento em que vivemos, ou seja do momento de transição planetária, quando a Terra deixará de ser um mundo de provas e expiações para ser um mundo de regeneração.

> [...] Pela sabedoria e pela verdade, dentro das suaves revelações do Consolador,[98] meu verbo se manifestará de novo no mundo, para as criaturas desnorteadas no caminho escabroso, por meio de vossas lições que se perpetuarão nas páginas imensas dos séculos do porvir.
>
> Sim, amados meus, porque o dia chegará no qual todas as mentiras humanas hão de ser confundidas pelas claridades das revelações do céu. Um sopro poderoso de verdade e vida varrerá toda a Terra, que pagará, então, à evolução de seus institutos, os mais pesados tributos de sofrimento e de sangue. Exausto de receber os fluidos venenosos da ignomínia e da iniquidade de seus habitantes, *o próprio planeta protestará contra a impenitência dos homens*, rasgando as entranhas em dolorosos cataclismos.[99] As impiedades terrestres formarão pesadas nuvens de dor que rebentarão no instante oportuno, em tempestade de lágrimas na face escura da Terra e, então, das claridades da minha misericórdia, contemplarei meu rebanho desditoso e direi como os meus emissários: "Ó Jerusalém, Jerusalém!..."
>
> [...] Trabalhemos com amor na oficina dos séculos porvindouros, reorganizaremos todos os elementos destruídos,

---

[98] Para Emmanuel o Consolador é o Espiritismo.
[99] Veja, leitor, se Emmanuel não está se referindo às catástrofes naturais que estamos vendo em nossos dias.

> examinaremos, detidamente, todas as ruínas, buscando o material passível de novo aproveitamento, quando as instituições terrestres reajustarem as suas vidas na fraternidade e no bem, na paz e na justiça, *depois da seleção natural dos espíritos* e dentro das convulsões renovadoras da vida planetária, organizaremos para o mundo um novo ciclo evolutivo, consolidando com as divinas verdades do Consolador o progresso definitivo do homem espiritual.[100]

Terminada a sua prédica a figura excelsa foi desaparecendo em um oceano de luz azulada, tendo por fundo melodias celestiais. Tomada por profunda emoção, Lívia chorava deixando que as lágrimas lavassem-na por dentro de toda as dores passadas. Então, Simeão se aproximou dela e os dois entabulam fraterna conversação. Nesse momento entram no recinto belas entidades angélicas, mensageiras do Cristo. Emocionada, Lívia se aproxima do principal daqueles seres de luz e lhe diz que não gostaria de dar impressão de estar menosprezando o lugar em que estava, mas que gostaria de descer à Terra, pois sentia saudades da alma que era o complemento da sua.

Parecendo compreender Lívia no mais íntimo de sua alma, a sublime entidade lhe diz:

> Vai, milha filha. Poderás trabalhar livremente entre as falanges gloriosas que operam na face sombria do planeta terrestre. Voltarás aqui sempre que necessitares de novos esclarecimentos e novas energias. Regressarás junto com

---
[100] Emmanuel. *Op. cit.* pp. 254-255.

> Simeão logo que o desejares. Ampara o teu infeliz companheiro na longa esteira de suas expiações rudes e amargas, mesmo porque o desventurado Publius Lentulus não está longe de sua mais angustiosa provação na sua atual existência, perdida, infelizmente, pelo seu demasiado orgulho e por sua vaidade fria e impiedosa.[101]

Conseguida a permissão, Lívia agradeceu ao bom espírito e desceu com Simeão para a Terra e, à medida que baixava na direção das faixas negras, ela sentiu a diferença fluídica entre o mundo onde estava e a Terra onde vivera. Então, ela encontra Lentulus ajoelhado junto à cruz de Simeão, como era sua prática nos últimos dias. Ela beija a fronte do esposo. O senador não viu a esposa, mas sentiu-se reconfortado, envolto em uma luz cariciosa que o acalmou completamente.

---

[101] Emmanuel. *Op. cit.* p. 358.

## XVIII

## Caminhos perigosos

A vida na família Lentulus continuava sem maiores alterações, contudo, nuvens negras toldavam o céu prenunciando tempestade. Aurélia, a filha de Fulvia Procula não desistira de levar a cabo seus satânicos projetos. Assim, conseguira introduzir na casa dos Lentulus uma empregada cuja missão seria envenenar Flavia, mas vagarosamente, de modo que a sua morte parecesse natural. Em pouco o veneno começou a agir, o primeiro sintoma apareceu: erupções cutâneas que, por sua aparência inocente, foram tratadas com pasta de miolo de pão umedecido com leite de jumento. Deste modo, ao primeiro sintoma acrescentou-se um segundo, fraqueza geral e total desânimo.

Um outro complicador também existia: Saul de Gioras continuava frequentando a casa de Flavia na condição de amigo íntimo de Plinius Severus que, por sua vez, voltara a se relacionar com Aurélia e raramente vinha a casa. Assim, Flavia era cuidada com grande desvelo por Agripa, que continuava a amá-la com fervor e sinceridade fraternal. Saul cuja paixão doentia tornara-se um monstro voraz a lhe devorar a alma corrupta, valendo-se da liberdade que possuía na casa de Plinius, encontra Flavia, que repousava no terraço. Aproximando-se dela, fala de seu amor e é repelido pela mulher. Então, alucinado, avança

## Jesus e Emmanuel

contra Flavia e toma-a nos braços, buscando retê-la ali pelo menos por um minuto. Com um esforço sobre-humano Flavia desvencilhou-se do agressor e entrou no seu quarto, chorando desesperada.

É no quarto, em estado emocional lastimável, que Plinius encontrou esposa. Pergunta-lhe o que lhe acontecera. Ela conta que fora atacada por Saul, mas ele não acredita. Saul era seu grande amigo, inclusive emprestara a ele uma grande soma em dinheiro. O desespero da mulher cresce mais ainda. O marido sai do quarto e volta aos prazeres da vida noturna. Os dias passam lentos e penosos para Flavia, que se sente só e sem esperanças. Agripa se aproxima dela para consolá-la naquele duro transe. Aproveitando-se disto, Saul envenena a alma tíbia de Plinius, não mais insinuando, porém dizendo claramente que há um caso de amor entre Agripa e Flavia. Diz que se ele quisesse verificar com os próprios olhos a verdade dos fatos que fosse à sua casa, pois naquele momento, por certo, Agripa estaria com a filha do senador em colóquio íntimo.

Plinius acolhe esta informação venenosa e parte para a sua casa e, de fato, encontra Agripa com Flavia e ele, para consolar a cunhada, segura a mão dela. Este simples gesto inocente enche de ódio o coração do rapaz, seguindo a forma geral, segundo a qual o ciumento não vê a realidade objetiva, mas a realidade subjetiva pessoal, criação sua e é nesta realidade que acredita. Ele invade o aposento e tem uma dura discussão com o irmão. Este conflito cresce a ponto de Plinius sacar uma arma para matar Agripa, porém, não o faz, saindo com o coração mergulhado em fel. Agripa deixa o quarto de Flavia e é assassinado por Saul, que o aguardava de tocaia.

Envolto na mais densa treva, Saul vai à procura do mago egípcio para que ele resolva os seus problemas. O mago o recebe com aparente cordialidade e o judeu torna a lhe pedir o filtro mágico definitivo que fizesse Flavia se apaixonar por ele. Araxes revela a Saul que sabia sobre o seu crime na casa do homem a quem ele devia tudo e do qual matara o próprio filho. Saul fica, a um só tempo, surpreso e enfurecido. O mago vê que corria perigo, por isso, astuciosamente, diz a Saul que já havia preparado um amuleto mágico. Saul se acalma. O velho feiticeiro, então, explica ao judeu que, para o amuleto surtir efeito, ele deveria beber um líquido para criar condições psíquicas que influenciariam a mulher amada. Saul concorda.

O mago toma uma taça e nela derrama o líquido misterioso, realizando sobre ele gestos e dizendo palavras estranhas. Sem que Saul percebesse, o feiticeiro havia colocado na bebida mortal veneno. Com a habitual mestria de um narrador experiente, Emmanuel descreve a morte de Saul:

> Ingerindo o vinho, na melhor intenção de guardar o amuleto da sua felicidade, o perigoso liberto sentiu que membros se relaxaram sob o império de uma força desconhecida e destruidora, porquanto lhe faltava a própria voz para externar as emoções mais íntimas. Quis gritar, mas não o conseguiu e inúteis foram todos os seus esforços para se

> levantar. Aos poucos, os olhos turvaram-se lugubremente, como enevoados por uma sombra espessa e indefinível. Desejou manifestar seu ódio ao mago assassino, defender-se daquela angústia que lhe sufocava a garganta, mas a língua estava hirta e um frio penetrante invadiu-lhe os centros vitais. Deixando pender a cabeça sobre os cotovelos apoiados ao longo da mesa ampla, compreendeu que a morte violenta lhe destruía todas as forças vivas do organismo.[102]

O tempo continuou inexorável no seu passar imperturbável. Três anos depois dos fatos que acabamos de narrar, Plinius continuava ao lado de Aurélia, vivendo uma vida de excessos e devassidão. Um dia, ao chegar a casa onde vivia com a amante, encontrou-a nos braços de músico e cantor chamado Sérgio Acerronius, que há pouco havia chegado a Roma vindo de Massília. Em um primeiro momento, ia lançar-se sobre a mulher com o intuito de matá-la, mas, repensando a atitude, não o fez. Se ele a matasse, por certo teria problemas e não poucos. O melhor a fazer seria deixá-la à sua própria sorte, deixando que a vida a castigasse como merecia. A mulher foi viver com o cantor, que certo dia matou-a ao surpreendê-la em flagrante de adultério.

---

[102] Emmanuel. *Op. cit.* p. 385.

## XIX

## Grande artista
## o mundo vai perder

Durante seu governo em Roma, Nero excedeu-se em loucuras e maldades. Seu governo foi tão tirânico e insensato que o povo desgostou-se dele e o odiava na mesma proporção que o temia. No mês de março do ano 68, Julio Vindice, o governador gaulês de Lion, proclamou a independência da Gália. E, quando Nero ofereceu a quantia de dois milhões e meio de sestércios por sua cabeça, o governador rebelde retrucou: dou a minha cabeça a quem me trouxer a de Nero. Ao se preparar para enfrentar Vindice, a primeira preocupação de Nero foi arranjar carretas para levar seis instrumentos musicais e aparatos de teatro.[103] Em abril, porém, chegou a Roma a notícia de que Galba, comandante das forças romanas na Espanha, se aliara ao líder gaulês e marchava contra a cidade de César.

Aconteceu em seguida que o Senado, tomando conhecimento de que a guarda pretoriana estava pronta a abandonar Nero, proclamou Galba Imperador. Nero colocou veneno em uma caixinha e, assim prevenido, fugiu de sua casa indo para os Jardins sevilhanos, na estrada de Óstia. Antes de partir, pediu aos oficiais da guarda no palácio

---

[103] Nero se acreditava um grande ator e cantor. Muitas vezes saía pelo Império fazendo *tournées* e onde chegava para cantar proibia as pessoas que saíssem de seus lugares, fosse por que motivo fosse, enquanto durasse o recital que se estendia, às vezes, por mais de seis horas.

que o acompanhassem. Eles o olharam com desprezo e um deles recitou um verso de Virgílio: "Então é coisa difícil morrer?" Nero não entendia como todo o seu poder, toda a sua onipotência estava reduzida a nada. Desesperado, mandou pedir auxílio a antigos amigos, entretanto, estes também lhe viraram as costas.

Muito enfraquecido psicologicamente, Nero se aproxima do Tibre para se afogar, mas teve medo e não concluiu o gesto extremo. Faon, um de seus libertos, apresentou-se disposto a levá-lo para a sua casa na Via Salária. Como um náufrago que vê as ondas crescerem a sua frente, agarrou-se àquela tábua de salvação. Quando a noite caiu, ele tomou um cavalo e galopou quatro milhas do centro de Roma até a casa do liberto. Quando chegou, Faon o escondeu em sua adega, onde ele ficou embrulhado em uma túnica imunda, faminto e sonolento, estremecendo de medo a cada barulho que ouvia. Faon trouxe-lhe a notícia de que os senadores o haviam declarado inimigo público e soldados estavam por toda parte à sua procura e, quando preso, seria executado à maneira antiga. Nero perguntou como seria e esta execução. E Faon lhe disse: "Despe-se o condenado, prendem-no a um poste por um gancho que lhe segura o pescoço e batem nele até que morra." Nero, aterrorizado, decide matar-se com uma punhalada. Antes de dar-se o golpe fatal, experimentou a ponta da arma e o aço frio e cortante o desestimulou de cometer o suicídio. Foi nessa oportunidade que ele

## Grande artista o mundo vai perder

teria dito a famosa frase: *"Qualis Artifex pereo"*, que artista morre em mim.[104]

Na madrugada daquela noite, ouviu-se na porta da casa de Faon tropel de cavalos. Nero em desespero tomou um punhal e abriu a garganta. Sua mão, contudo, vacilou e o liberto Epafrodito teve de ajudá-lo a enterrar a lâmina. Nero havia pedido que não lhe mutilassem o corpo e Galba respeitou-lhe o desejo. Suas velhas amas e sua primeira amante o enterraram no túmulo dos Domícios. Assim voltou para o outro lado da vida este espírito pavoroso que teve a mácula de ter sido aquele que desencadeou a primeira grande perseguição aos apóstolos do Cristo.

Em seguida governaram Roma os imperadores generais: Galba, Oton e Vitélio e seguiram-se a esses Vespasiano e Tito. Este último foi aquele que no ano 70 destruiu o templo de Jerusalém. Voltemos, porém, ao estudo de nosso romance. Vespasiano era amigo de Publius Lentulus, seu velho companheiro de ideais e conselheiro em muitas oportunidades. Assim que subiu ao poder, Vespasiano chamou seu amigo para ter com ele uma conversa particular. Nesta conversa, o Imperador explicou ao amigo que seu Filho, Tito, estava cercando Jerusalém e este cerco poderia durar mais tempo do que o previsto. Assim, acreditava que se Lentulus fosse a Jerusalém, com a sua grande experiência, inclusive pelo tempo que passou na Palestina, poderia ser de grande ajuda para Tito. Lentulus aceita. Estava com 67 anos, mas gozava de plena energia.

---

[104] Esta frase chegou até nós um tanto alterada: Grande artista o mundo vai perder.

Jerusalém lutava heroicamente contra os romanos e a carnificina era muito grande. Aconteceu, porém, que um dia, um grupo de judeus da resistência logrou aprisionar Publius Lentulus e o seu amigo, o também senador Pompílio Crasso. Presos, ambos foram levados à presença de um dos líderes da resistência, um homem velho cujo olhar brilhava de ódio contra os romanos. Lentulus imaginou que já havia visto aquele homem em algum lugar. Logo ficou sabendo que aquele homem tinha o poder de vida e de morte sobre os prisioneiros romanos capturados. Depois de um espaço de indecisão em que o romano buscava encontrar no arquivo da memória a figura daquele homem e o judeu, que já o havia reconhecido, revelou-se como André de Gioras, um pai judeu que foi por ele humilhado há mais de vinte anos. O velho judeu deu ordens a seus asseclas que dissessem a Ítalo que estivesse ali no outro dia pela manhã bem cedo. Os dois senadores foram jogados em uma enxovia para ali passarem a noite até o dia seguinte.

No dia seguinte, pela manhã, os dois romanos foram apresentados a André de Gioras sob pesadas peças de ferro que lhes impedia os movimentos. O odioso velho mandou que viesse um carrasco e executasse o senador Pompílio. O patrício romano portou-se com dignidade. Ao primeiro golpe, sua cabeça encanecida pendeu para um lado e seu coração foi arrancado violentamente, palpitante e sangrento. Lá fora, os soldados romanos com seus gládios matavam o resto da resistência judaica.

Então André sentenciou Publius Lentulus: não, ele não morreria, mas seria privado da luz dos olhos para sempre. Agora, na sua imensa treva, ele seria obrigado a ver com os olhos dos escravos que ele por toda a sua vida humilhou. Ítalo, que já havia chegado, foi chamado pelo judeu que lhe deu ordens de cegar com um ferro em brasa o orgulhoso romano. Ítalo, que outro não era senão Marcus, filho que havia sido raptado, foi posto sem o saber diante de seu pai com a tarefa de cegá-lo. O rapaz hesita, mas André o ameaça de ser chicoteado. Não tendo como evitar, o ferro em brasa é posto sobre os olhos do patrício romano. Lentulus, embora achasse o escravo muito semelhante a ele mesmo e se sentisse, sem saber o porquê, unido a ele por fortes laços, não sabia que ele era seu filho. Vamos ver esta passagem:

> Ítalo tomou, então, a lâmina humildemente. Aproximou-se do condenado cheio de resignação e fortaleza interior. Antes do instante supremo, seus olhares se encontraram, trocando vibrações de simpatia recíproca. Publius Lentulus ainda lhe fixou o porte tocado de incontestável nobreza, esfacelado em suas linhas mais características pelos trabalhos mais impiedosos e mais rudes; e tão grande foi a atração que experimentou que por aquele homem, fixado pelos seus olhos em plena luz, pela vez derradeira, que chegou a se recordar, inexplicavelmente, de seu pequenino Marcus, considerando que, se ele ainda vivesse, deveria ter aquele porte e aquela idade.
>
> As mãos de Ítalo, trêmulas e hesitantes, aproximaram-se de seus olhos exaustos, como se o fizessem em uma doce atitude

de carinho; mas o ferro incandescente, com a rapidez do relâmpago, feriu-lhe as pupilas orgulhosas e claras, mergulhando-as na treva para todo e sempre.[105, 106]

A dor sentida por Publius era enorme e enquanto estava dominado por esta dor ouviu uma grande gritaria. Eram os soldados romanos que entravam na sala onde ele estava. Naquele momento, com requintes de sadismo, Gioras decide revelar ao senador quem era Ítalo. Então, aproxima-se dele e começa a dizer a sua sinistra mensagem, mas um dos legionários avançou contra André de Gioras e lhe acertou uma espadeirada que o jogou por terra desacordado, antes que a revelação fosse feita. Ao mesmo tempo que uma certeira punhalada no peito de Ítalo o atirou morto por terra.

Os romanos, encontrando o senador em estado precário de saúde, cercaram-no de atenção e o levam dali para pensar-lhes as feridas. O cadáver de Pompílio também foi levado dali com o peito sangrento e vazio, a fim de que lhe fossem prestados os ritos funerários. Emmanuel faz uma curta descrição do saque de Jerusalém e a mortandade que ali aconteceu. Terminada a conquista da cidade e a queda de seu Templo, centro mesmo do Judaísmo, Publius volta a Roma, enquanto André de Gioras, posto a ferros, é também conduzido à capital do Império.

---

[105] Emmanuel. *Op. cit.* p. 404.
[106] Vamos lembrar aqui que na encarnação anterior como Publius Lentulus Sura ele havia cegado pessoas do mesmo modo. Da lei de causa e efeito ninguém escapa.

### Grande artista o mundo vai perder

Urge aqui uma pergunta: por que André de Gioras não foi morto? Há aqui duas respostas: a primeira é o respeito ao relato histórico, ou seja, de fato, André de Gioras não morreu em Jerusalém e a segunda diz respeito à própria narrativa, ou seja, uma solução interna de natureza técnica. O clímax deste romance não está no final, mas no encontro entre Gioras e Lentulus em Roma, o que possibilita o perdão de Lentulus. Esse perdão é o momento maior do romance, uma vez que é o lugar da mudança do senador, de homem duro e inflexível ao homem generoso que começa dar passos largos na direção do cristianismo. Além de ser o fecho adequado para o pedido de Flaminius — espírito no seu encontro com Publius.

Era comum que os romanos fizessem grandes e belas procissões quando seus generais voltavam vencedores. Nessas oportunidades, fazia-se um cortejo imenso onde, não raro, o rei vencido caminhava humilde e cabisbaixo, amarrado ao carro do vencedor. Nelas também vinham os despojos conquistados dos vencidos que, a partir da daquele dia, fariam parte do tesouro romano. Assim, na festa da conquista de Jerusalém, entre os ricos despojos do templo marchavam Simão, um dos líderes da resistência e André de Gioras. Lentulus, informado de que Gioras estava preso em Roma desejou falar com ele. Tinha curiosidade sobre as últimas palavras do judeu quando dissera que iria revelar-lhe um segredo sobre Ítalo, mas foi impedido pelo legionário que o abateu.

Não foi difícil para o senador conseguir um encontro reservado com o prisioneiro. Nesse longo e penoso encontro para ambos, Gioras revelou detalhadamente toda a história de seus crimes, inclusive o assassinado de sua cúmplice, a criada Sêmele. Ao final, ele pede o perdão de Lentulus. Ele sabia que iria em pouco comparecer diante do tribunal divino e não queria deixar esta vida sem o perdão daquele a quem tanto mal causara. Publius está perturbado, sentimentos oposto vagueiam em sua mente. Como perdoar aquele homem que havia destruído a sua possibilidade de ver seu filho crescer a seu lado, aquele que escravizara uma criança inocente. Não era fácil pensar o perdão. Foi neste momento que se lembrou das dores do Cristo no Gólgota e como ele fora capaz de perdoar os seus algozes. Lembrou-se também das últimas palavras de Flaminius desencarnado: "Perdoa!" Foi então que Publius Lentulus, abandonando o homem velho, cheio de sentimentos desamorosos e orgulhoso, deixou escapar duas palavras: *"Estais perdoado."*

## XX

## Voltando ao passado

Logo depois dos penosos acontecimentos do ano 70, Flavia insistiu com seu pai para irem morar em Pompeia, onde o senador possuía uma confortável vivenda, longe da agitação da capital, sempre efervescente de novidades, lá ele poderia meditar mais e melhor. O clima do sul da Itália era sempre aprazível e ali se podia beber bons vinhos.

Pompeia ficava junto de um vulcão chamado Vesúvio, a 25 quilômetros a sudeste de Nápoles. Foi fundada no século VI antes de Cristo e era um lugar próprio para o descanso e o prazer da aristocracia romana, contando cerca de trinta mil habitantes. No ano 63 da era cristã, foi destruída em parte por um terremoto, mas no ano 79 foi inteiramente sepultada pelo vulcão Vesúvio. A camada de cinzas preservou os templos, as ruas, praças, casas de banho e residência particulares. Em 1748, escavações feitas naquele sítio revelaram quase intactas algumas partes desta cidade.

Publius estava em paz em Pompeia. Levara com ele escravos cultos, que sabiam bem o grego e podiam ler as obras clássicas para lhe encher o espaço do ócio. Também gostava muito de estar com Ana e Flavia, a falar da doutrina de Jesus que ele estava aprendendo a amar e respeitar. Amiudadamente, recebia notícias de Plinius

## Jesus e Emmanuel

Severus, a quem ele queria como um filho. O rapaz de mostrava modificado e sua conduta, agora, digna, causava respeito a seus amigos. Estivera nas Gálias, onde se portara muito bem com bravura e probidade e, voltando a Roma, fora recompensado com posições respeitáveis e brilhantes, prosseguindo as traições de honestidade que seu pai sempre preservara.

Plinius, porém, não voltara a procurar a esposa. Estava envergonhado de sua vida pregressa e não queria voltar ao lar de Flavia sem estar reformado a tal ponto que não suscitasse nela a menor dúvida. Assim, se esforçava diariamente a galgar no Estado romano os postos cada vez mais altos, não para se orgulhar disto, nem para impressionar a ex-esposa, mas para provar a si mesmo que podia ser melhor, que o Plinius devasso, insensato e inconsequente estaria morto e enterrado.

Estamos no ano 78 de nossa era. Publius Lentulus, que havia modificado, inteiramente, a sua opinião sobre Ana, que envelhecera ao lado de Flavia, mantinha com ela e a filha longos e proveitosos colóquios. O tema central dessas conversa edificantes era a pessoa inolvidável de Jesus Cristo. Cada vez mais interessado em Jesus, Publius perguntava a Ana sobre ele. Estranhava que ele, sem ter ido à escola, sem ter frequentado os mestres de filosofia da época, podia ter acumulado tão grande sabedoria. Por vezes, tomando a sua harpa, Flavia fazia música, que parecia um vibrante lamento de dor e de saudade. Esta música ia até o coração de Publius Lentulus, despertando-lhe recordações a um tempo doces e amargas. Como disse o grande poeta grego

Eurípides: *"Saudade é a terrível presença de uma ausência"* e era exatamente isto que aquela música despertava em Publius, a presença de Lívia e isso era bom, mas ao mesmo tempo Lívia estava ausente e isso era mau.

Flavia pergunta ao pai se ele havia visto Jesus muitas vezes e ele respondia:

> Não, filha, antes do dia nefasto de sua morte infamante na cruz, somente o vi uma vez, ao tempo em que eras pequenina e doente. Isso, contudo, bastou para que eu recebesse nas suas palavras sublimes, luminosas lições para toda a vida. Só hoje entendo as suas exortações amigas, compreendendo que a minha existência foi bem uma oportunidade perdida. Aliás, já naquele tempo, sua profunda palavra me dizia que eu defrontava, no minuto de nosso encontro, o maravilhoso ensejo de todos os meus dias, acrescentando, na sua extraordinária benevolência, que eu poderia aproveitá-lo naquele época ou daí a milênios, sem que me fosse possível apreender o sentido simbólico de suas palavras.[107]

Refletindo na sua vida e sobre seus erros principais naquela encarnação, Lentulus lembrava o caso Gioras, a causa principal de suas dores de pai. Se houvesse compreendido melhor as lições de Jesus sobre o amor e a humildade, teria procurado Andre de Gioras e pessoalmente reparado o malfeito. Fora omisso no caso de Saul, permitindo que bandidos o vendessem ao mercado de escravos. Realmente ele não se interessara pela sorte

---

[107] Emmanuel. *Op. cit.* p. 421.

do rapaz e deixara-o para lá, com a falsa sensação de que estava tudo bem. Todas essas reflexões, embora doessem, ajudavam-no a compreender a justiça divina em seu caso. Plantara e estava colhendo e disso não duvidava mais

Em uma das conversas, Ana conta que Lívia ficara tão empenhada em salvar Jesus da morte que fora até a casa de Pilatos para interceder pelo Nazareno. Lentulus ficou admirado em saber aquilo, pois não ficara claro para ele o que Lívia fazia na casa do governador. Por outro lado, doía-lhe se lembrar do quanto ele havia sido injusto para com ela. Publius Lentulus ainda não podia compreender inteiramente, mas estava saldando o seu compromisso com a lei de Deus que ele ultrapassara, levado por sua antiga arrogância.

## XXI

## Pompeia, uma cidade condenada

Chegamos ao ano 70 da era cristã e Roma era governada então por Tito Flavius Vespasiano, que havia sucedido a seu pai. Publius estava feliz em razão das homenagens que lhes foram prestadas por seu belo desempenho na vida pública. A alegria do senador aumentou consideravelmente com a chegada de Plinius Severus totalmente recuperado e redimido no conceito da esposa. Publius abraçou longa e carinhosamente o seu genro, como se o fizesse a um filho muito amado. Ao abraçar o velho senador, em um sussurro, Plinius pediu perdão ao homem cuja filha ele desrespeitara. O esposo de Lívia responde ao recém-chegado com expressões emotivas como: "Como tardaste tanto? Quero-te como sempre e que o céu te abençoe." Plinius então faz um discurso cheio de ternura para com Publius ao ver o coração do velho senador tomado de funda emoção:

"Meu querido pai, não choreis se aqui nos achamos todos para compartilhar a vossa alegria. Diante de todos os nossos amigos romanos, com a homenagem do Império, eu vos entrego o meu coração regenerado para sempre. Se estais agora cego, meu pai, não o estais pelo espírito, que sempre soube dissipar as sombras e remover os tropeços de nosso caminho. Continuareis guiando os meus, ou melhor, os nossos passos com as vossas antigas tradições de sinceridade e de esforço, na retidão do proceder. Voltareis comigo para Roma e junto de vosso filho reabilitado organizareis novamente o palácio do Aventino. Serei então, para todo o sempre, uma sentinela de vosso espírito para vos amar e proteger.

> Tomarei a minha esposa a meu inteiro cuidado e, dia a dia, tecerei para nós três uma auréola de venturas novas e indefiníveis, com os milagres de minha afeição imorredoura. Em nossa casa do Aventino florescerá uma alegria nova porque hei de prover todas as vossas horas com amor grande e santo de quem, conhecendo todas as duras experiência da vida, sabe agora valorizar seus próprios tesouros.[108]

O romance poderia acabar aqui com um bom *happy end*, porém, não acaba porque o narrador prepara um outro final feliz. Para tanto, acontece uma provação coletiva provocada por uma catástrofe natural: a erupção violentíssima do vulcão Vesúvio. A terra treme e o mar revolta-se. De cima do monte, o Vesúvio lança sobre a cidade um turbilhão de fogo, cinza e lava. As pessoas tentam fugir em desespero, em busca de barcos que estão no porto, mas não o conseguem. Tudo está muito escuro. Uma fumaça de gases sufocantes entra pela boca e pelos narinas levando à morte. Mesmo os animais domésticos morrem como moscas. Lentulus, Flavia, Plinius e Ana desencarnam neste inferno de fogo e lava.

---

[108] Emmanuel. *Op. cit.* p. 431.

## Pompeia, uma cidade condenada

Lentulus, desencarnado, é recebido do outro lado da vida por seu querido amigo Flaminius Severus. Desencarnado, recupera a visão e vê ao seu lado pessoas que lhe foram muito queridas, como Calpúrnia, a mulher de Flaminius, Agripa, o senador Pompílio Crasso, Emiliano Lucius. Flaminius sugere ao amigo que faça uma prece: *Publius então se ajoelhou e, banhado em lágrimas, concentrou o coração em Jesus em uma rogativa ardente e silenciosa. Ali na soledade de sua alma intrépida e sincera apresentava ao Cordeiro de Deus o seu arrependimento, suas esperança para o porvir, suas promessa de fé e de trabalho para os séculos vindouros.*

O romance termina com o encontro entre Lívia e Publius Lentulus. Ela desce da esfera que lhe era própria, juntamente com Ana, sua amiga inseparável. Vê o marido desencarnado e ele também contempla a figura radiosa da companheira. Ela deposita na fronte dele um breve beijo que Emmanuel compara com um leve roçar de um lírio. Depois seguem para esferas mais altas, onde repousarão antes de novas etapas de regeneração a caminho dos Mundos Maiores.

# COLEÇÃO JESUS

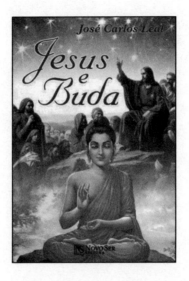

**JESUS E BUDA**
José Carlos Leal
184p. | ISBN 978-85-63964-37-3

Em *Jesus e Buda* você encontrará um estudo comparativo das doutrinas de Buda e de Jesus e a relação desses dois homens com a Reencarnação e a Ética. O livro também apresenta preciosas informações sobre a vida desses dois espíritos de grande envergadura moral — príncipe Sidarta, posteriormente Buda, com sua irrefreável busca pela verdade, e Jesus, com seu exemplo e prática, a personificação maior da Verdade na Terra —, ambos aqui estiveram e disseminaram a lei de amor, justiça e caridade.

# COLEÇÃO JESUS

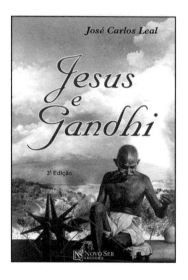

**JESUS E GANDHI**
José Carlos Leal
216p. | ISBN 978-85-63964-02-1

Gandhi um não cristão conseguiu chegar mais perto dos ensinamentos de Jesus do que boa parte dos cristãos. Não se trata de algo fácil, pois a conquista do reino exige de cada um de nós mudanças significativas no sentido do bem. Esta obra apresenta fatos relevantes da vida de Gandhi e Jesus Cristo, analisando suas ideias e práticas. É considerado um livro de autoajuda, uma vez que mostra ao leitor como é possível seguir Jesus mesmo no século XXI.

# COLEÇÃO JESUS

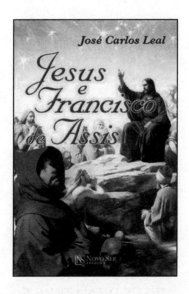

**JESUS E FRANCISCO DE ASSIS**
José Carlos Leal
248p. | ISBN 978-85-63964-67-0

Como é dito no livro de Emmanuel — *A caminho da luz,* Jesus foi o gerenciador do planeta Terra na sua formação. Com isso, Ele se tornou responsável por este planeta e cuida dele com solicitude paternal. Formou Jesus uma equipe de espíritos para colaborarem na evolução da humanidade terrestre. Pertencem a este grupo: Buda, Krishna, Pitágoras, Sócrates, Platão e muitos outros, inclusive o nosso Allan Kardec. Desse grupo de espíritos faz parte Francisco de Assis, o Grande Santo da Idade Média. Francisco reencarnou com a finalidade de dar uma nova orientação à Igreja Católica que estava em crise. Buscou primeiramente humanizar a Igreja, torná-la mais fraterna, mais amorosa e menos bélica.

# COLEÇÃO JESUS

## *JESUS DE NAZARÉ E MADRE TERESA DE CALCUTÁ*

José Carlos Leal

128p. | ISBN 978-85-63964-84-7

Alguns espíritos passam pela Terra como fachos luminosos que se apagam por trás das grandes montanhas; outros são como estrelas que chegam, iluminam e não mais se apagam.
O livro que você vai ler é sobre o segundo tipo de espírito. Madre Teresa é uma referência, um marco de espiritualidade e um exemplo de mensageira celeste.
Nosso texto busca estabelecer uma analogia entre Jesus e Madre Teresa e, ao mesmo tempo, dizer ao leitor que não é impossível viver a experiência cristã, bastando apenas que se tenha a coragem de viver a vida no sentido mais pleno e acreditar firmemente que Jesus é o caminho, a verdade e a vida.

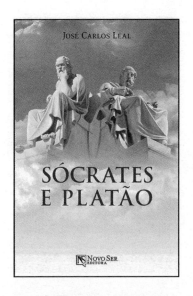

### SÓCRATES E PLATÃO
José Carlos Leal
192p. | ISBN 978-85-63964-58-8

Em *O Evangelho segundo o Espiritismo*, Allan Kardec diz que Sócrates e Platão foram os precursores do Espiritismo; e em *Sócrates e Platão* abordaremos estas duas figuras magnas do pensamento ocidental e suas relações com a Doutrina dos Espíritos.
Sócrates era sem sombra de dúvida um espírito missionário pertencente à equipe de Jesus Cristo, sua tarefa principal foi a de levar para o pensamento Helênico a moral do Cristo, naturalmente, adequada ao contexto da época e da civilização grega. [...]
Quanto a Platão, vamos ter a oportunidade de conhecer neste livro, entre outras informações importantes, um pouco de sua filosofia. Platão nos seus diálogos defende abertamente a reencarnação e a mediunidade, que aparece principalmente em um diálogo chamado *Íon*, que trata do poeta como médium das musas.

## *10 RAZÕES PARA SER ESPÍRITA*
José Carlos Leal
174p. | ISBN 978-85-63964-17-5

Como escolher a melhor religião diante de tantas seitas, cultos, crenças e igrejas? Em *10 Razões para Ser Espírita* José Carlos Leal explica porque escolheu a Doutrina Espírita como religião. Neste livro o autor apresenta as dez questões que o fizeram passar do Materialismo para o Espiritismo. *10 Razões para Ser Espírita* não tem por finalidade apresentar o Espiritismo como a melhor religião ou converter alguém, mas apenas mostrar que a verdadeira religião é a reforma íntima dos indivíduos, o que não se consegue com dogmas, rituais, culto e outras formas exteriores de religiosidade.

## REENCARNAÇÃO PASSO A PASSO
José Carlos Leal
176p. | ISBN 978-85-63964-46-5

O autor desta obra mais uma vez nos brinda com seu vasto conhecimento sobre a temática espírita. José Carlos Leal estudioso dos assuntos da imortalidade da alma e da vivência cristã apresenta o tema reencarnação analisando, informando e acima de tudo esclarecendo os diferentes olhares e conceitos da volta do espírito ao corpo pela via da reencarnação. Em *Reencarnação Passo a Passo* você encontrará o ponto de vista do autor em relação à reencarnação, as dores do mundo e as diferenças sociais. Conhecerá também casos dos que venceram as barreiras da reencarnação: Helen Keller, Amazonas Hércules, Aleijadinho e Jésus Gonçalves, o poeta das chagas redentoras, dentre outras histórias. São dezesseis capítulos que falam de livre-arbítrio e escolha das provas; evolução; esquecimento das vidas passadas; justiça divina; encarnação em diferentes mundos; laços de família e semelhanças físicas e morais.

**Centro Espírita Joanna de Ângelis - Barra**

Cantinho de amor e esperança na Barra da Tijuca, Rio de Janeiro.

**Centro Espírita Joanna de Ângelis-Barra** foi fundado após mensagem transmitida pelo médium Divaldo Pereira Franco

Quando **Iraci Campos Noronha** encontrou pela primeira vez com **Divaldo Franco** não podia imaginar que a presença daquele médium em sua vida iria transformar toda a sua jornada daquele momento em diante. O primeiro encontro foi em agosto de 2004, quando o médium baiano esteve no Rio de Janeiro realizando uma palestra no centro espírita em que Iraci trabalhava. Ao aproximar-se de Divaldo enquanto ele autografava, sentiu que foi envolvida por uma grande onda de amor e serenidade. Após algum tempo de conversa ela se afastou e sentiu uma emoção tão forte invadir seu peito que não conseguiu controlar as lágrimas. Iraci chorou compulsivamente.

Ao perceber que algo estava acontecendo, Iraci resolveu perguntar o porquê desta emoção e das lágrimas. Divaldo respondeu: *"Minha querida, é um reencontro de almas muito amigas e irmãs."* Ela sorriu e afastou-se sem entender a profundidade da explicação. Nos dias que se seguiram, quando estava chegando ao centro espírita para o trabalho mediúnico sentiu que uma tristeza imensa lhe invadia. Sentia um vazio enorme após seu encontro com Divaldo que não sabia como explicar. Muito menos imaginava que transformações estariam por vir.

Ambos se encontraram algumas vezes nos anos seguintes. Mas foi em 21 de janeiro de 2007, durante um seminário de Divaldo Pereira Franco no Rio de Janeiro, que Iraci entendeu o que a espiritualidade havia planejado para ela. No intervalo do evento, Iraci se dirigiu até a escada do palco onde Divaldo autografava seus livros e foi convidada a subir ao palco, pois Divaldo gostaria de falar com ela. Ali, ela recebeu a mensagem que transformaria sua vida.

*"Iraci, Joanna de Ângelis está aqui, ao meu lado, dizendo para você fundar um Centro Espírita, que ela estará sempre ao seu lado lhe orientando"* – disse o médium com muito carinho.

Iraci, agradeceu emocionada, mas o médium continuou a transmitir a mensagem; - *"ELA está dizendo; - Não agradeça, simplesmente trabalhe, faça tudo aquilo que você já sabe...."* Em menos de dez dias, no dia 30 de janeiro de 2007, começaram os trabalhos do Ceja-Barra com um grupo de estudos e recebendo sempre as orientações espirituais da veneranda **Joanna de Ângelis**, mentora espiritual de Divaldo Franco e de Iraci Campos.

Os moradores da região abraçaram as atividades do Ceja-Barra. Em pouco tempo o Centro Espírita Joanna de Ângelis se instalou em uma casa na **Rua Gilberto Amado, 311, no Jardim Oceânico, coração da Barra da Tijuca** e rapidamente foi adotado pelos espíritas da região que ansiavam por um local de estudos e oração no bairro.

### Conheça as atividades do CEJA-Barra

Hoje, a casa realiza palestras públicas, sempre com bases sólidas e fiéis à doutrina espírita; atendimento fraterno que dá apoio às necessidades dos frequentadores, buscando auxiliá-los através do acolhimento e esclarecimento; cursos sistematizados da doutrina, onde são estudadas as obras básicas e livros dos principais autores espirituais como Joanna de Ângelis, André Luiz, Leon Denis, etc.; tratamento espiritual de cura para adultos e crianças, receituário mediúnico homeopático, mensagem psicografadas aos pacientes do tratamento espiritual; e a Autocura, um trabalho desenvolvido à luz da psicologia espiritual de **Joanna de Ângelis**.

Além dessas atividades, a casa possui um Grupo Jovem atuante que desenvolve estudos voltados para essa faixa etária e que já se desenvolveu para um Grupo Musical e Teatral; evangelização infantil; seminários mensais de estudo, dos quais já participaram Divaldo Franco, Luciano dos Anjos, Wanderley Oliveira, André Trigueiro, Carlos Baccelli, Severino Celestino, Jacob Melo e muitos outros; e congressos anuais com o objetivo de divulgar a doutrina.

Em paralelo aos trabalhos do CEJA-Barra, Iraci Campos Noronha e Maria Cândida Matheus, vice-presidente do centro, também criaram a Obra Social Mãos Unidas, que funciona na sede do centro e dá suporte à centenas de famílias carentes e irmãos que estão na condição de moradores de rua. O atendimento aos moradores de rua visa reintegrá-los à sociedade. Em cinco anos de atividade, 372 pessoas voltaram para suas cidades, para o seio de suas famílias ou conseguiram sair das ruas e se reerguer com o apoio da iniciativa.

Já o atendimento às famílias carentes atende a mais de 400 famílias que vivem em nove comunidades carentes nos arredores da Barra da Tijuca. Aos domingos, eles assistem às palestras com conteúdo doutrinário, moral e educativas, as crianças são evangelizadas e todos recebem café da manhã, lanche e uma cesta básica. A essas famílias também é oferecido apoio escolar alfabetização de adultos, curso de inglês, informática, atendimento médico, psicológico, psiquiátrico, jurídico. Na comunidade Tijuquinha, a casa implantou o Espaço Semear-Mãos Unidas, onde são ministrados inúmeros cursos profissionalizantes.

## Junte-se à família de Joanna!

Venha você também conhecer a nossa casa de amor e a obra social Mãos Unidas. O Centro Espírita Joanna de Ângelis fica na **Avenida Gilberto Amado, número 311, na Barra da Tijuca.**
Você também pode entrar em contato pelos telefones:
+55 XX(21) 3139-3555 /2148-0674 e 998606-3589 ou pelo email **contato@cejabarra.org**
Para mais informações, acesse o site: **www.cejabarra.org**
Fan Page: **www.facebook.com/cejabarra.org**

Esta obra foi produzida nas
oficinas da Imos Gráfica e Editora na
cidade do Rio de Janeiro